T. S Gleadhill

Kyle's Scottish Lyric Gems

A Collection of the Songs of Scotland

T. S Gleadhill

Kyle's Scottish Lyric Gems
A Collection of the Songs of Scotland

ISBN/EAN: 9783744793094

Printed in Europe, USA, Canada, Australia, Japan

Cover: Foto ©Thomas Meinert / pixelio.de

More available books at **www.hansebooks.com**

KYLE'S
SCOTTISH LYRIC GEMS

A COLLECTION OF THE

Songs of Scotland

ORIGINAL AND SELECTED

WITH

NEW AND APPROPRIATE SYMPHONIES AND ACCOMPANIMENTS
FOR THE PIANOFORTE

BY

T. S. GLEADHILL

GLASGOW:
JOSEPH FERRIE, MUSIC PUBLISHER.
LONDON: HOULSTON & SONS, PATERNOSTER SQUARE;
CHAPPELL & CO., 50 NEW BOND STREET, AND 15 POULTRY.

INTRODUCTION.

SO numerous are the compilations of the Songs of Scotland, that it may be egotism on my part to offer a new collection in the hope of creating a demand sufficient to repay the outlay; but to me this "gathering of the flowers of melody" has been a labour of love. I have watched its progress to completion with parental care, and although, in comparison to some of "richer girt," my offering may not appear "a thing of beauty," yet to some I trust it may prove "a joy for ever;" for the music of our *leal* land is not the luxury of the few, but one of the daily wants of the many.

I have much faith in the vitality of the muse of Scotland, and the love such as Scotland has for its minstrelsy is a great gift; there is vigour in it, and that vigour reveals the power of the mission of national songs, for such a gift is not given without a purpose. It is a recorded fact that five thousand copies of Cunningham's edition of Burns were sold as fast as they could be issued from the press; and, therefore, who can fathom the high results to Scotland of the existence of Burns?—for the pen of the hand that knows how to use it is the most powerful weapon known. "'Tis the weapon of the soul."

Commentators have worn out every meed of praise that could be bestowed on the poet ploughman of Scotland; pilgrims, in years gone by, have wandered to the "thatched hut" in which he was born, to prove that the banks of Avon, where Shakspeare saw light, are not holier ground than the banks of Ayr or Doon. "What has Burns written!" What has he not written? He, who could melt with love or fire with rage, has depicted every emotion in the human breast. He waves his wand, and lo! before us are the "snaw" white locks of "John Anderson, my jo;" he waves his wand again for "Auld Langsyne," and next we see "Twa Dogs," who are thankful they are not of our race; then the wizard with his magic stroke proves "A man's a man for a' that;" he philosophises on a daisy and a mouse; he sings to Mary in Heaven, and delivers an address to the very Deil himself. There is no occasion to lift the veil, behind which the dead are out of sight; but, "ill starr'd" as he was, Robert Burns has "built himself a living monument, and kings, for such a tomb, might wish to die."

From the plough and the loom, what bright gems of thought have illumined our undying strains, for second only in popularity to the lyrics of Burns are the songs of Robert Tannahill, the Paisley poet, a delicate and sensitive bard, who passed prematurely behind the "cloud of oblivion." Then from the Shepherd's fold came the name of James Hogg; but he, unlike many of our songwriters, spent a long and happy life. It would require space beyond my purpose to notice in

INTRODUCTION.

detail all the successful songsters that pass before my mind's eye, but "till all time" generations will remember such names as Sir Walter Scott, Thomas Campbell, Allan Cunningham, Henry Scott Riddell, John Stuart-Blackie, William Thom, Joanna Baillie, Lady Nairne, and others of the brilliant rank of Scotia's sons and daughters of song.

Of the antiquity of the music of Scotland we have every proof—and there is no question but we owe many of our best old melodies to wandering minstrels who, long before "the iron age," were wont to roam from hill to vale, and from the laird and the cottar met with a *lowin' welcome*.

I believe with Eliza Cook, the Queen poetess of England, that "music is born with us, and forms one of the links of divinity." It is strange how the same melody will affect a dozen different persons in a dozen distinct ways; the Highlander, whose fresh mountain nature is incorporated with the pibroch and reel, moves very differently to the strains of Tullochgorum, compared to the ball-room "Dundreary" who listens to the measure as he would to the guessing of "a widdle." Then who does not know the softening power of the music of the human voice? It is like the angel whisperings of kind words in the hour of trouble. "Sing on." Sing to the wicked man, sing to the sufferer, sing to the old, sing to the young, for music will inspire them all.

Of Scottish music it has well been said—"Through the force of novelty, or the peculiar powers of some favourite singer, one new song after another becomes the rage of the day, which in a short time is laid aside to be remembered no more. It bloomed but to wither, was born but to die; but our old national airs are imperishable plants, unfading evergreens, which have no more to dread from the capricious innovations of fashion than the oak has to fear from the storm which, instead of overturning, serves but to fix it more deeply in its native earth." And such marked praise is well deserved, for, take our songs "all in all," where can we find such happy humour, pure pathos, true tenderness, and soul-stirring spirit, as in the lays of our northern enchanters, wedded as they are to music as healthful as the breath of spring, as plaintive as the sighing of the wind, and as cheery "as sunshine to the flowers in May"?

In this collection I have endeavoured to select the best of our well-known songs, and into such good company have introduced my own copyrights, many of which have met with favourable notice, and are not to be found in any other edition. I have also adopted the plan of having every song complete in one or two pages, thus preventing the necessity of turning over the leaves while singing. The accompaniments have been arranged by Mr. T. S. Gleadhill, a masterly musician, well known for his harmony and heart in the cause; and I therefore venture to remark that I have at least made an effort to obtain for my volume a kindly recognition, in the hope it may raise a few modern lyrics to fame, and add more admirers to the myriads who delight in our "Auld Scotch Sangs."

THE PUBLISHER.

GLASGOW, 1880.

CONTENTS.

Where the first line differs from the title, both are given, in order to facilitate reference.

The Songs marked (a) are Publishers' Copyrights, and here first published; (b), Copyright Songs inserted in this work by permission of the publishers.

	PAGE
a Afton Water	368
a A guid New Year to ane and a'	134
A Highland lad	66
A man's a man for a' that	274
a Ance mair hae we met, then happy let us be	376
And are ye sure the news is true	8
And ye shall walk in silk attire	124
Annie Lawrie	80
Are ye doin' aught weel, are ye thrivin', my ain	398
At Willie's Wedding on the Green	14
Auld Joe Nicholson's bonnie Nannie	108
Auld Langsyne	114
Auld Robin Gray	4
a Auld Robin the laird	304
Away ye gay landscapes	280
A wee bird cam' to our ha' door	6
Behave yoursel' before folk	300
Behind yon hill where Lugar flows	16
Bide ye yet	272
Blue bonnets over the border	320
Blythe, blythe, and merry was she	198
a Bonnie Auld Scotland	202
a Bonnie Bessie Lee	24
Bonnie brier bush	70
Bonnie Dundee	74
Bonnie Jeanie Gray	146
Bonnie Mary of Argyle	154
Bonnie Mary Hay	77
Bonnie Prince Charlie	82
Bonnie wee thing	76
Bonnie wood of Craigielea	244
a Bothwell Castle	86
Braw, braw lads	18
Ca' the ewes to the knowes	346
Caller Herrin'	94
Callum o' Glen	226
Cam' ye by Athol	52
Can ye loe me weel, lassie	230
Cauld blaws the wind frae north to south	106
Cauld kail in Aberdeen	166
Come all ye jolly shepherds	116
Come o'er the stream, Charlie	62
b Come sit thee down	122
Come under my plaidie	182
Comin' thro' the rye	36
Corn rigs	98
Dainty Davie	334
Donald	364
Doun the burn, Davie lad	132
Duncan Gray	324
a Farewell to the Land	382
Farewell to Lochaber	192
First when Maggie was my care	180
a Flow gently, sweet Afton	368
b Gae bring my gude auld harp ance mair	284
Gae bring to me a pint o' wine	100
Get up and bar the door	104
Gin I had a wee house and a canty wee fire	272
Gloomy winter's noo awa'	368
Green grow the rashes, O	34

	PAGE
Hail to the chief	238
Hame cam' our gudeman at e'en	266
Haud awa', bide awa'	354
Heather Jock	194
He's owre the hills	250
Hieland Laddie	356
Highland Mary	96
Hooly and fairly	338
How blythely the pipe	232
Huntingtower	78
I am a young man	220
I ance was a waiter as happy's a bee	234
I gaed a waefu' gate yestreen	328
I hae laid a herrin' in saut	178
I have heard the mavis singing his love song to the morn	154
I loe na a laddie but ane	168
I'll hae my coat	336
a I'll loe thee, Annie	112
I'm oure young to marry yet	37
I'm wearin' awa', Jean	144
a In an old thatch'd cottage at the bottom of a hill	206
In a wee cot house far across the moor	316
In the garb of old Gaul	172
It fell about the Martinmas time	102
It fell on a day, a bonnie summer day	128
I wander'd to-day to the mill, Maggie	402
It was upon a Lammas night	93
I winna be weel	42
a I winna gang back to my mammy again	378
Jenny's bawbee	264
Jeanie's black e'e	138
Jenny dang the weaver	14
Jessie, the flower o' Dunblane	84
Jock o' Hazeldean	88
John Anderson, my Joe	64
John Grumlie	110
Johnnie Cope	130
Johnnie and Mary	40
Kate Da'rymple	316
Kelvin Grove	37
Kind Robin loes me	209
Lass gin ye loe me, tell me noo	178
Lassie wi' the lint-white locks	288
Last May a braw wooer	160
Leezie Lindsay	19
Lochnagarr	250
Lock the door, Lariston	366
Logan Water	148
Logie o' Buchan	54
Lowden's bonnie woods and braes	142
Lucy's flittin'	322
Maggie Lauder	164
Mary's dream	28
Mary Morison	222
Mary of Castlereay	158
Maxwelton braes are bonnie	80
a Meet me on the gowan lea	372
Mirk and rainy is the night	214
Muirland Willie	210
My ain fireside	10
My ain kind dearie, O	65

CONTENTS

		PAGE
a	My bonnie dark-eyed dearie	390
	My boy Tammy	120
	My heart is sair	119
a	My Highland cot	294
	My love is like a red, red rose	10
	My love she's but a lassie yet	196
	My mither's aye glowrin' owre me	242
	My Mither ment my auld breeks	218
	My Nannie, O	16
	My Nannie's awa'	93
	My spouse Nancy	145
	My tocher's the jewel	306
	My wife has ta'en the gee	289
a	My Willie and me	50
	Naebody kens ye	398
	Now in her green mantle blythe Nature arrays	93
	O are ye sleepin', Maggie	231
	O Charlie is my darling	239
	O dinna think, bonnie lassie	184
	O I hush thee, my baby	312
	O Kenmure's on and awa', Willie	206
	O Nanny wilt thou gang wi' me?	252
	O this is no my ain lassie	202
	O wat ye wha's in yon town	38
	O wha's for Scotland and Charlie	186
	O wha's at the window, wha, wha?	314
	Oh Alister Macallister	248
	Oh rowan tree, oh rowan tree, thou'lt aye be dear to me	370
	Oh whaur was ye sae late yestreen	146
	Oh where, tell me where is your Highland laddie gane?	92
	O whistle and I'll come to you, my lad	102
	O Willie brewed a peck o' maut	162
	O Willie was a wanton wag	206
a	O ye needna be courtin' at me, auld man	310
	O'er the muir amang the heather	277
	Of a' the airts the wind can blaw	126
	On the seas and far away	346
	Oran an oig, or the song of death	282
	Our ain auld Hame	376
a	Our bonnie Scots lads	358
	Our Jean's like the mornin' when milkin' the kye	387
	Owre the water to Charlie	176
	Pibroch of Donuil Dhu	290
	Rab Roryson's bonnet	396
	Robin Adair	326
	Robin Tamson's smiddy	218
	Roslin Castle	204
	Row, weel, my boatie, row weel	308
	Roy's wife of Aldivalloch	276
	Saw ye Johnnie comin'?	118
b	Scotland yet	284
	Scots wha hae wi' Wallace bled	71
	She's fair and fause	180
a	Sweet heather bell	302
a	Tak' back the ring, dear Jamie	362
	Tak' your auld cloak about ye	254
	Tam Glen	22
a	The auld town o' Stirling	300
a	The battle of Bannockburn	313
	The banks of the Dee	344
	The birks of Aberfeldy	55
	The blue bells of Scotland	92
	The boatie rows	20
	The bonnie house o' Airlie	228
a	The bonnie blue bells, I dearly love to see	294
a	The Bowling Braes	380
	The braes aboon Bonaw	216
	The braes o' Ballochmyle	352

		PAGE
	The braes o' Balquhidder	266
	The brisk young lad	156
	The broom o' the Cowdenknowes	332
	The bush aboon Traquair	200
	The Campbells are comin'	56
a	The chieftain to his bride	262
a	The clean hearthstane	48
a	The courtin' time	386
	The deil's awa' wi' the exciseman	350
a	The emblems of nations are sung of with raptures	302
	The flowers of the forest (old air)	1
	The flowers of the forest (modern air)	2
	The hundred pipers	68
	The jolly beggar	188
	The kail brose of auld Scotland	174
	The laird o' Cockpen	150
	The lament of Flora Macdonald	222
	The land o' the leal	144
	The lass o' Ballochmyle	394
	The lass o' Gowrie	12
	The lass o' Patie's mill	128
	The Lawland lads	342
	The Macgregor's gathering	140
	The married man's lament	234
	The moon's on the lake, the mist's on the brae	161
	The piper o' Dundee	210
a	The pride of Inverary	296
	The rock and the wee pickle tow	214
	The rowan tree	370
a	The Scotch blue bell	44
a	The slogan of freedom	384
	The Standard on the braes o' Mar	392
	The sun has gane down o'er the lofty Ben Lomond	84
d	The sun has set and the gloamin' grey	390
	The thorn tree	260
a	The trystin' tree	52
	The wee, wee German lairdie	58
	The woods o' Dunmore	278
	The yellow-hair'd laddie	170
	There cam' a young man to my daddy's door	156
	There was a lad was born in Kyle	73
	There's nae luck about the house	8
	This lone heart is thine, lassie	278
	Thou art gane awa' frae me, Mary	90
	To the Lords of Convention, 'twas Claverhouse spoke	74
	Tullochgorum	132
	Twa bonnie maidens	250
	'Twas on a simmer afternoon	12
	Up in the mornin' early	106
	Wae's me for Prince Charlie	6
	Wandering Willie	236
a	Wee Willie Winkie	298
	Weel may the keel row	360
	Welcome Royal Charlie	348
	We're a' noddin'	210
	Wha wadna fecht for Charlie?	26
	Wha'll be king but Charlie?	190
	When I left our auld glen	364
	When the king comes owre the water	46
	When the kye comes hame	116
	When trees did bud and flowers were green	132
	When ye gang awa', Jamie	78
	When you and I were young, Maggie	402
a	Where the Highland tartans wave	374
	Whistle o'er the lave o't	189
	Why weep ye by the tide, lady?	88
a	Willie wi' his wig ajee	258
a	Will ye gang to the Bangy-burn?	130
	Will ye go to the ewe bughts, Marion?	358
	Within a mile o' Edinburgh town	30
	Woo'd and married an' a'	330
	Ye banks and braes	270
a	Ye canna marry me	362

THE FLOWERS OF THE FOREST.

Written by Miss JANE ELLIOT.
Old Air.
Arranged by T. S. GLEADHILL.

III.

At e'en in the gloamin', nae swankies are roamin'
'Bout stacks wi' the lasses at bogle to play;
But ilk maid sits dreary, lamenting her dearie,
The Flowers of the Forest are a' wede away.

IV.

In har'st at the shearin', nae youths now are jeerin'
Bandsters are runkled, and lyart or grey;
At fair or at preachin', nae wooin', nae fleechin'
The Flowers of the Forest are a' wede away.

V.

Dool for the order sent our lads to the Border,
The English for ance by guile wan the day;
The Flowers of the Forest that fought aye the foremost,
The prime of our land lie cauld in the clay.

VI.

We'll hae nae mair liltin' at the ewe milkin',
Women and bairns are heartless and wae;
Sighin' and moanin' on ilka green loanin',
The Flowers of the Forest are a' wede away.

AULD ROBIN GRAY.

Words by LADY ANN LINDSAY.
Arranged by T. S. GLEADHILL.

III.

My father argued sair, my mither didna speak,
But she look'd in my face till my heart was like to break;
So they gied him my hand, tho' my heart was at the sea,
And auld Robin Gray is guidman to me.
I hadna been a wife, a week but only four,
When mournfu' as I sat on the stane at the door,
I saw my Jamie's ghaist, but I couldna think it he,
Till he said, I'm come hame, my love, to marry thee.

IV.

Oh sair did we greet, and mickle did we say;
We took but ae kiss, and we tore ourselves away;
I wish that I were dead, but I'm no like to dee,
Oh, why do I live to say, O wae's me!
I gang like a ghaist, and I carena to spin,
I darena think o' Jamie, for that wad be a sin;
But I will do my best a guid wife aye to be,
For auld Robin Gray is a kind man to me.

WAE'S ME FOR PRINCE CHARLIE.

III.

On hills that are by right his ain,
He roves a lanely stranger,
On ev'ry side he's pressed by want,
On ev'ry side is danger;
Yestreen I met him in a glen,
My heart maist burstit fairly,
For sadly changed indeed was he,
Oh, wae's me for Prince Charlie.

IV.

Dark night cam' on, the tempest roar'd
Loud o'er the hills and valleys;
An' where was't that your Prince lay down,
Wha's hame should been a palace?
He rowed him in a Highland plaid,
Which covered him but sparely,
An' slept beneath a bush o' broom,
Oh, wae's me for Prince Charlie.

V.

But now the bird saw some red coats,
An' he shook his wings wi' anger,
Oh, this is no' a land for me,
I'll tarry here nae langer.
He hovered on the wing awhile
Ere he departed fairly,
But weel I mind the fareweel strain,
Was, Wae's me for Prince Charlie.

THERE'S NAE LUCK ABOUT THE HOUSE.

nae luck a-bout the house, There's nae luck at a'; There's lit-tle pleas-ure in the house, When

our guid-man's a-wa'.

III.

Rise up and mak' a clean fireside,
  Put on the muckle pot,
Gie little Kate her button gown,
  And Jock his Sunday coat ;
And mak' their shoon as black as slaes,
  Their hose as white as snaw ;
It's a' to please my ain guidman,
  For he's been lang awa'.
    For there's nae luck, &c.

IV.

There's twa fat hens upon the bauk,
  They've fed this month and mair,
Mak' haste and thraw their necks about
  That Colin weel may fare ;
And sprend the table neat and clean,
  Gar ilka thing look braw,
For wha can tell how Colin fared
  When he was far awa'.
    For there's nae luck, &c.

V.

Sae true his heart, sae smooth his speech,
  His breath like caller air,
His very foot has music in't
  As he comes up the stair ;
And will I see his face again ?
  And will I hear him speak ?
I'm downright dizzy with the thought—
  In troth I'm like to greet.
    For there's nae luck, &c.

VI.

The cauld blasts o' the winter wind
  That thirled thro' my heart,
They're a' blawn by, I hae him safe,
  Till death we'll never part ;
But what puts parting in my head ?
  It may be far awa',
The present moment is our ain,
  The neist we never saw.
    For there's nae luck, &c.

VII.

Since Colin's weel, I'm weel content,
  I hae nae mair to crave,
Could I but live to mak' him blest,
  I'm blest aboon the lave.
And will I see his face again ?
  And will I hear him speak ?
I'm downright dizzy wi' the thought—
  In troth I'm like to greet.
    For there's nae luck, &c.

MY LOVE IS LIKE A RED, RED ROSE.

Words by ROBERT BURNS. Arranged by T. S. GLEADHILL.

MY LOVE IS LIKE A RED, RED ROSE.

THE LASS O' GOWRIE.

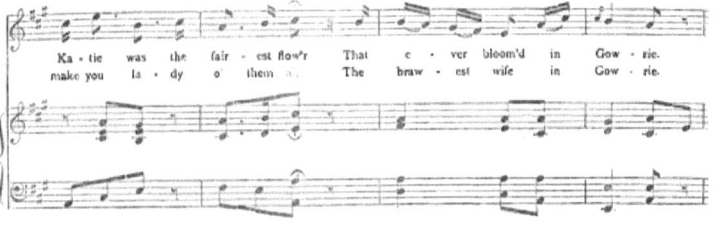

Ka - tie was the fair - est flow'r That e - ver bloom'd in Gow - rie.
make you la - dy o' them a'. The braw - est wife in Gow - rie.

III.

Saft kisses on her lips I laid,
The blush upon her cheeks soon spread,
She whispered modestly and said,
   'I'll gang wi' ye to Gowrie.'
The auld folks soon gie their consent,
Syne for Mess John they quickly sent,
Wha tied them to their heart's content,
   And now she's Lady Gowrie

JENNY DANG THE WEAVER.

III.

Quoth he, my lass, to speak my mind,
  In troth I needna swither;
You've bonnie een and if you're kind
  I'll never seek anither;
He humm'd and haw'd; the lass cried Peugh!
  And bade the coof no deave her,
Syne snapt her fingers, lap and leugh,
  And dang the silly weaver.
And Jenny dang, Jenny dang,
  Jenny dang the weaver,
Syne snapt her fingers, lap and leugh,
  And dang the silly weaver.

MY NANNIE, O.

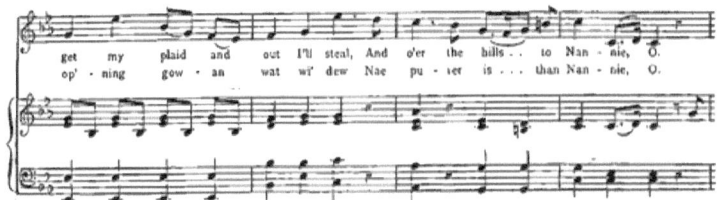

get my plaid and out I'll steal, And o'er the hills . . to Nan - nie, O.
op' - ning gow - an wat wi' dew Nae pu - rer is . . . than Nan - nie, O.

III.

A country lad is my degree,
　And few there be that ken me, O
But what care I how few they be,
　I'm welcome aye to Nannie, O
My riches a's my penny fee,
　And I maun guide it canny, O
But warld's gear ne'er troubles me,
　My thoughts are a' my Nannie, O.

IV.

Our auld gudeman delights to view
　His sheep and kye thrive bonnie, O;
But I'm as blythe that hauds his plough,
　And has nae care but Nannie, O.
Come weel, come wae, I carena by,
　I'll tak' what heav'n will send me, O;
Nae ither care in life hae I
　But live and love my Nannie, O.

BRAW, BRAW LADS.

Words by ROBERT BURNS. Arranged by T. S. GLEADHILL.

III.

Although his daddie was nae laird,
An' though I hae na mickle tocher;
Yet rich in kindest, truest love,
We'll tent our flocks by Gala water.
　　　Braw, braw lads.

IV.

It ne'er was wealth, it ne'er was wealth,
That coft contentment, peace or pleasure;
The bands and bliss o' mutual love,
O that's the warld's chiefest treasure.
　　　Braw, braw lads.

LEEZIE LINDSAY.

First Verse by ROBERT BURNS
Arranged by T. S. GLEADHILL.

1. Will ye gang to the Hie-lands, Lee-zie Lind-say? Will ye gang to the Hie-lands wi' me? Will ye gang to the Hie-lands, Lee-zie Lind-say, My pride and my dar-ling to be?

2. To gang to the Hie-lands wi' you, sir, I din-na ken how that may be, For I ken nae the land that ye live in, Nor ken I the lad I'm gaun wi'.

III.
O Leezie, lass, ye maun ken little,
If sae ye dinna ken me,
For my name is lord Ronald Macdonald,
A chieftain o' high degree.

IV.
She has kilted her coats o' green satin,
She has kilted them up to the knee,
An she's aff wi' lord Ronald Macdonald,
His bride and his darling to be.

THE BOATIE ROWS.

Words by JOHN EWEN. Arranged by T. S. GLEADHILL

THE BOATIE ROWS

III.

When Sawnie, Jock, and Janetie,
    Are up and gotten lear,
They'll help to gar the boatie row,
    And lighten a' our care.
The boatie rows, the boatie rows,
    The boatie rows fu' weel,
And lightsome be her heart that bears
    The murlain and the creel.

IV.

And when wi' age we are worn down,
    And hirplin' at the door,
They'll help to keep us dry and warm,
    As we did them before.
Then weel may the boatie row,
    That wins the bairnies bread,
And happy be the lot of a'
    That wish the boatie speed.

TAM GLEN.

care I in rich-es to wal-low, If I maun-na mar-ry Tam Glen.
flat-ter, she says, to de-ceive me, But wha can think sae o' Tam Glen?

III.

My daddie says, gin I'll forsake him,
　He'll gie me guid hunder merks ten ;
But if it's ordained I maun tak' him,
　O, wha will I get but Tam Glen ?
Yestreen at the Valentine's dealin',
　My heart to my mou' gied a sten ;
For thrice I drew ane without failin',
　And thrice it was written—Tam Glen.

IV.

The last Hallowe'en I was waukin'
　My drookit sark-sleeve, as ye ken,
His likeness cam' up the house staukin',
　And the very grey breeks o' Tam Glen.
Come counsel, dear tittie, don't tarry,
　I'll gi'e ye my bonnie black hen,
Gif ye will advise me to marry
　The lad I lo'e dearly, Tam Glen.

BONNIE BESSIE LEE.

III.

But ten years had gane since I gazed on her last,
    For ten years had parted my auld hame and me ;
And I said to my mysel', as her mither's door I pass'd,
    ' Will I ever get anither kiss frae Bonnie Bessie Lee.'

IV.

But time changes a' things, the ill-natured loon,
    Were it ever sae lightly he'll no let it be ;
But I rubbit at my een and I thought I would swoon,
    How the carle had come round about our ain Bessie Lee.

V.

The wee laughing lassie was a gudewife growing auld,
    Twa weans at her apron and ane on her knee ;
She was douce too, and wiselike, and wisdom's sae cauld,
    I would rather had the ither ane than this Bessie Lee.

WHA WADNA FECHT FOR CHARLIE.

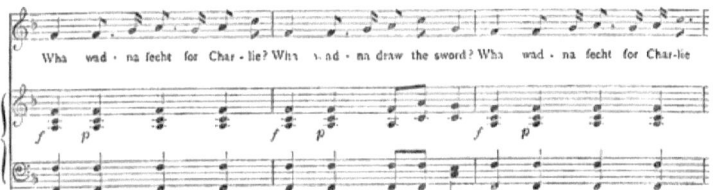

III.

See the northern clans advancing!
See Glengarry and Lochiel!
See the brandish'd broadswords glancing!
Highland hearts are true as steel.
Now our Prince has raised his banner,
Now triumphant is our cause,
Now the Scottish lion rallies,
Let us strike for Prince and laws.

Wha wadna fecht, &c.

MARY'S DREAM.

soft and low a voice was heard, Say, 'Ma - ry, weep to
far from thee I sleep in death, So, Ma - ry, weep no

more for me.'
more for me.'

III.

'Three stormy nights and stormy days,
   We toss'd upon the raging main ;
And long we strove our bark to save,
   But all our striving was in vain ;
Even then when horror chill'd my blood,
   My heart was fill'd with love for thee :
The storm is past and I at rest,
   So, Mary, weep no more for me.'

IV.

'O maiden dear, thyself prepare,
   We soon shall meet upon that shore,
Where love is free from doubt and care,
   And thou and I shall part no more.'
Loud crow'd the cock, the shadow fled,
   No more of Sandy could she see,
But soft the passing spirit said,
   ' Sweet Mary, weep no more for me.'

WITHIN A MILE O' EDINBORO' TOWN.

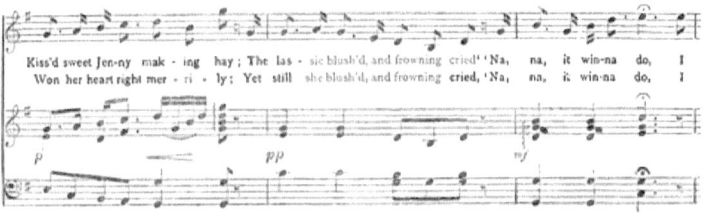

Kiss'd sweet Jenny making hay; The lassie blush'd, and frowning cried 'Na, na, it winna do, I
Won her heart right merrily; Yet still she blush'd, and frowning cried, 'Na, na, it winna do, I

canna, canna, winna, winna, maunna buckle to.'

III.

But when he vow'd he wad make her his bride,
Though his flocks and herds were not few,
She gied him her hand and a kiss beside,
And vow'd she'd for ever be true.
Bonnie Jockie, blythe and free,
Won her heart right merrily,
At kirk she no more frowning cried,
'Na, na, it winna,' &c.

KELVIN GROVE.

III.

O Kelvin's banks are fair, bonnie lassie, O,
When in summer we are there, bonnie lassie, O,
    There the May-pink's crimson plume
    Throws a soft but sweet perfume
Round the yellow banks o' broom, bonnie lassie, O.

IV.

Though I dare not call thee mine, bonnie lassie, O,
As the smile of fortune's thine, bonnie lassie, O,
    Yet, with fortune on my side,
    I could stay thy father's pride,
And win thee for my bride, bonnie lassie, O.

V.

But the frowns o' fortune lower, bonnie lassie, O,
On thy lover, at this hour, bonnie lassie, O,
    Ere yon golden orb of day
    Wake the warblers on the spray,
From this land I must away, bonnie lassie, O.

VI.

Then farewell to Kelvin Grove, bonnie lassie, O,
And adieu to all I love, bonnie lassie, O,
    To the river winding clear,
    To the fragrant scented brier,
E'en to thee of all most dear, bonnie lassie, O.

VII.

When upon a foreign shore, bonnie lassie, O,
Should I fall 'midst battle's roar, bonnie lassie, O,
    Then, Helen, should'st thou hear
    Of thy lover on his bier,
To his mem'ry shed a tear, bonnie lassie, O.

LOGIE O' BUCHAN.

Words by GEORGE HALKET.
Arranged by T. S. GLEADHILL.

III.

My daddie looks sulky, my minnie looks sour,
    They gloom upon Jamie because he is puir;
Though I loe them as weel as a daughter should do,
    They are no half so dear to me, Jamie, as you.
He said, think na lang, lassie, tho' I gang awa',
    For I'll come and see thee in spite o' them a'.'

IV.

I sit on my creepie an' spin at my wheel,
    An' think on the laddie that loes me sae weel;
He had but ae saxpence, he brak it in twa,
    An' he gae me the half o't when he gaed awa'.
But the summer is comin', cauld winter's awa',
    Then haste ye back, Jamie, and bide nae awa'.

COMIN' THRO' THE RYE.

III.

Gin a body meet a body
  Comin' frae the town,
Gin a body greet a body,
  Need a body frown?
Ilka lassie has her laddie,
  Nane they say hae I ;
But a' the lads they loe me weel,
  And what the waur am I?

IV.

Amang the train there is a swain
  I dearly lo'e mysel ;
But whaur his hame, or what his name,
  I dinna care to tell.
Ilka lassie has her laddie,
  Nane they say hae I ;
But a' the lads they loe me weel,
  And what the waur am I?

I'M OWRE YOUNG TO MARRY YET.

Words by ROBERT BURNS. Arranged by T. S. GLEADHILL.

III.

Fu' loud and shrill the frosty wind
Blows through the leafless timber, Sir;
But if ye come this gate again,
I'll aulder be gin summer, Sir.
    For I'm owre young, &c.

O WAT YE WHA'S IN YON TOWN.

Written by ROBERT BURNS. Arranged by T. S. GLEADHILL.

O WAT YE WHA'S IN YON TOWN.

III.

The sun blinks blythe in yon town,
    Amang yon broomy braes sae green ;
But my delight is yon town,
    And dearest pleasure is my Jean.
                O wat ye, &c.

IV.

Without my love not a' the charms
    Of Paradise could yield me joy ;
But gie me Jeanie in my arms,
    And welcome Lapland's dreary sky.
                O wat ye, &c.

V.

My cave would be a lover's bow'r,
    Though raging winter rent the air ;
And she a lovely, little flow'r,
    That I would tent and shelter there.
                O wat ye, &c.

VI.

If angry fate be sworn my foe,
    And suffering I am doomed to bear ;
If careless quit all else below,
    But spare, oh ! spare my Jeanie dear.
                O wat ye, &c.

VII.

For while life's dearest blood runs warm,
    My thoughts frae her shall ne'er depart ;
For as most lovely is her form,
    She has the truest, kindest heart.
                O wat ye, &c.

JOHNNIE AND MARY.

III.

Gold and titles give not health,
   And Johnnie could na these impart;
Youthfu' Mary's greatest wealth
   Was still her faithfu' Johnnie's heart.
Sweet the joys the lovers find,
Great the treasure, sweet the pleasure,
Where the heart is always kind.
        Down the burn, &c.

I WINNA BE WEEL.

1 My mother says a laird's a catch, My father fain wad mak' a match, But
2 Was he gude as a saint an' wise as a sage, His widdom or worth for my heart is nae pledge, I

I'll no be a gaudy wretch, To pine my life an' a,' I
wish, as a lassie should wish at my age, Ane young what e'er may fa.

III.

My truly, it's an unco sight
To see an auld blin' donard wight,
Wha scarcely kens the day frae night,
   Begin a lang fracn.
       I winna be weel, &c.

IV.

Sighing, but mair for the want o' his breath
Than love at his heart, though maybe baith—
Smiling on me as if girnin', gude faith,
   He says, 'O lass, ye're brave.'
       I winna be weel, &c.

V.

His cauldrife jokes an' ghastly fun
He makes an' cracks till out o' wun',
Then tells me o' his gowd an' grun',
   To wyle my heart awa.'
       I winna be weel, &c.

VI.

He woo's like a beggar that's seeking his bread,
Sae pitifu'-like his e'e stands in his head,
A' tremblin', just as he was in a weed,
   He says, 'Tak' me an' a'.'
       I winna be weel, &c.

VII.

If I but smile, the body is glad;
If I but gloom, the body is sad;
For fear I put the body mad,
   I daurna tell him na.
       I winna be weel, &c.

THE SCOTCH BLUE BELL.

III.

How aft wi' rapture I hae strayed
　The mountain's heather crest,
There aft wi' thee hae I arrayed
　My Mary's maiden breast.
Aft tremblin' marked amang the bells
　Her bosom fa' and rise,
Like snawy cloud that sinks and swells
　'Neath summer's deep blue skies.
　　　　The Scotch blue bell, &c.

WHEN THE KING COMES OWRE THE WATER.

III.

I hae seen the guid auld day,
   The day o' pride and chieftain glory,
When Royal Stuarts bore the sway,
   And ne'er heard tell o' Whig nor Tory.
Though lyart be my locks and grey,
   And eild has crook'd me down, what matter?
I'll dance and sing ae ither day,
   That day our king comes o'er the water.

IV.

O curse on dull and drawling Whig,
   The whining, ranting, low deceiver,
Wi' heart sae black and look sae big,
   And canting tongue o' clishmaclaver.
My father was a good lord's son,
   My mother was an Earl's daughter,
And I'll be Lady Keith again,
   That day our king comes owre the water.

THE CLEAN HEARTHSTANE.

sweet to sit, my bonnie Jean, Be-side thy chee-rie clean hearthstane.
tent-ment smil-ing o'er our lot, We sit be-side our clean hearthstane.

III.

The blissfu' hours on downy wings,
  Afore we min', flee by sae sune,
An' fleetly, while my Jeanie sings,
  Her wheel gaes roun' wi' cheerie croon.
Douce drowsie Colie o'er his nap,
  Perplext wi' nocht o' grief or pain,
Wi' baudrons thrummin' on his back,
  Lies beekin' on the clean hearthstane.

IV.

Auld pawkie Brownie tunes his lyre,
  His sair won fee to bid us min',
An' frienly Hawkie frae the byre
  Wad fain let on it's milkin' time.
The bairnies roun' the ingle cheek
  Frae minnie syne their luggies claim,
An' tentless by the crowdie sweet
  They draible on her clean hearthstane.

V.

Let gawkie fashion's glaikit slaves
  To gaudy flauntin' cities run,
'Mang grandeur's halls in splendour's blaze,
  Snell winter's cauldrife breath to shun.
Kind Heav'n to me my Jeanie lea'e,
  Nae purer worldly bliss I ken,
Wi' bonnie bairnies on my knee,
  Or smilin' roun' the clean hearthstane.

MY WILLIE AND ME.

III.

My Willie's sae guid, and my Willie's sae kin',
And then, O thank Heaven, dear Willie is mine!
In the joy o' my heart the tear draps frae my e'e,
To think we're sae happy, my Willie and me!
The hero may sigh for mair laurels—the loon—
The tyrant may grasp at a kingdom or crown;
Contented and happy I'd live till I dee,
Though they tak' a' the world but my Willie and me!

THE TRYSTIN' TREE.

Written by E. CONOLLY.
Music by T. MACFARLANE.
Arranged by T. S. GLEADHILL.

1. We sat beneath the trystin' tree, The bonnie dear auld trystin' tree, Where Harry tauld, in early youth, His tender tale of love to me. An' walth o' wedded happiness Has been our blessed

2. We gaz'd upon the trystin' tree, Its branches spreading far and wide, An' thocht upon the bonnie bairns That blest our blythe bit ingle side. The strappin' youth, wi' martial mien, The maiden mild wi'

THE BIRKS OF ABERFELDY.

Words by ROBERT BURNS. Arranged by T. S. GLEADHILL.

3. The braes ascend like lofty wa's,
   The foamin' stream deep roaring fa's,
   O'erhung wi' fragrant spreading shaws,
   The birks of Aberfeldy.
       Bonnie lassie, &c.

4. The hoary cliffs are crown'd wi' flowers,
   White o'er the linn the burnie pours,
   And, risin', weets wi' misty show'rs
   The birks of Aberfeldy.
       Bonnie lassie, &c.

5. Let fortune's gifts at random flee,
   They ne'er shall draw a wish frae me,
   Supremely bless'd wi' love an' thee,
   To the birks of Aberfeldy.
       Bonnie lassie, &c.

THE CAMPBELLS ARE COMIN.'

III.

The Campbells they are a' in arms,
    Their loyal faith and truth to show;
Wi' banners rattling in the wind,
    The Campbells are comin', O ho! O ho!
        The Campbells are comin', &c.

THE WEE, WEE GERMAN LAIRDIE.

Arranged by T. S. GLEADHILL.

1. Wha the deil hae we gotten for a king, But a wee, wee German Lairdie; And we gaed owre to bring him hame, He was delvin' in his kail yardie. He was sheughing kail and laying leeks, Without the hose and
2. And he's clappit down in our gudeman's chair, The wee, wee German Lairdie; And he's brought foth o' his foreign trash, And dibbled them in his yardie. He's pu'd the rose o' English loons, And brok'n the harp o'

THE WEE, WEE GERMAN LAIRDIE

III.

Come up amang our Hieland hills,
  Thou wee, wee German Lairdie,
And see the Stuart's lang kail thrive,
  They hae dibbled in our kail yardie.
And if a stock ye daur to pu',
  Or haud the yokin' o' a plough,
We'll break your sceptre ower your mou',
  Ye feckless German Lairdie.

IV.

Auld Scotland thou'rt ower cauld a hole
  For nursin' siccan vermin;
But the very dogs in England's court,
  They bark and howl in German.
Then keep thy dibble in thy ain hand,
  Thy spade but and thy yardie;
For wha the deil now claims your land
  But a wee, wee German Lairdie.

MY AIN FIRESIDE.

Words by Mrs. HAMILTON. Arranged by T. S. GLEADHILL.

1. O I hae seen great anes and sat in great ha's, Mang lords and mang ladies a' cover'd wi' braws; But a sight sae delightful, I trow, I ne'er spied, As the bonnie blythe blink o' my ain fireside.

2. Ance mair, gude be prais'd, round my ain heart-some ingle, Wi' the friends o' my youth I cordially mingle; Nae forms to compel me to seem wae or glad, I may laugh when I'm merry and sigh when I'm sad.

MY AIN FIRESIDE.

III.

Nae falsehood to dread, and nae malice to fear,
But truth to delight me, and friendship to cheer;
Of a' roads to happiness ever were tried,
There's nane half sae sure as ane's ain fireside.

My ain fireside, &c.

COME O'ER THE STREAM, CHARLIE.

Written by JAMES HOGG.   Arranged by T. S. GLEADHILL.

COME O'ER THE STREAM, CHARLIE.

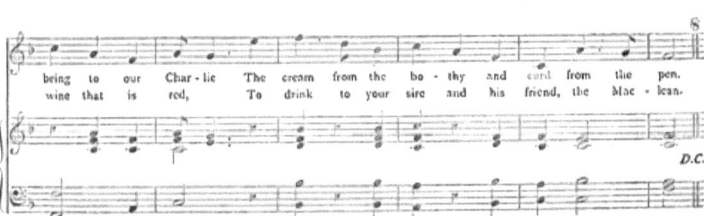

III.

If aught will invite you, or more will delight you,
'Tis ready—a troop of our bold Highland men
Shall range on the heather, with bonnet and feather,
Strong arms and broad claymores, three hundred and ten.
Come o'er the stream, Charlie, &c.

MY AIN KIND DEARIE, O.

Words by ROBERT BURNS. Arranged by T. S. GLENDRILL.

Andantino.

1. When o'er the hill the east-ern star Tells bught-in time is near, my jo; And ow-sen frae the fur-row'd field Re-turn sae dowf and wea-ry, O; Down by the burn where scen-ted birks Wi' dew are hang-ing clear, my jo; I'll meet thee on the lea rig, my ain kind dea-rie, O.

2. In darkest glen, at midnight hour, I'd rose and ne'er be ee-rie, O; If thro' that glen I gaed to thee, My ain kind dea-rie, O; Al-though the night were ne'er sae wild, And I were ne'er sae wea-ry, O; I'd meet thee on the lea rig, my ain kind dea-rie, O.

III.

The hunter lo'es the morning sun,
 To rouse the mountain deer, my jo;
At noon the fisher seeks the glen,
 Alang the burn to steer, my jo;
Gie me the hour o' gloamin' gray,
 It makes my heart sae cheerie, O,
To meet thee on the lea rig,
 My ain kind dearie, O.

A HIGHLAND LAD.

ho, my braw John High-land-man, There's no a lad in a' the lan' Was

match for my John High-land-man.

III.

They banished him beyond the sea,
But ere the bud was on the tree,
Adown my cheeks the pearls ran,
Embracing my John Highlandman.

  Sing hey, my braw John Highlandman,
  Sing ho, my braw John Highlandman;
  There's no a lad in a' the lan'
  Was match for my John Highlandman.

IV.

But oh! they catch'd him at the last,
An' bound him in a dungeon fast;
My curse upon them, every one,
They've hanged my braw John Highlandman.

  Sing hey, my braw John Highlandman,
  Sing ho, my braw John Highlandman;
  There's no a lad in a' the lan'
  Was match for my John Highlandman.

III.

O wha is foremaist o' a', o' a'?
O wha does follow the blaw, the blaw?
Bonnie Charlie, the king o' us a', hurrah!
Wi' his hundred pipers an' a', an' a'.
His bonnet and feather he's wavin' high,
His prancin' steed maist seems to fly!
The nor' win' plays wi' his curly hair,
While the pipers blaw wi' an unco flare.
  Wi' a hundred pipers, &c.

IV.

The Esk was swollen sae red and sae deep,
But shouther to shouther the brave lads keep,
Twa thousand swam o'er to fell English ground,
An' danced themselves dry to the pibroch's sound.
Dumfounder'd the English saw, they saw,
Dumfounder'd they heard the blaw, the blaw,
Dumfounder'd they a' ran awa', awa',
Frae the hundred pipers an' a', an' a'.
  Wi' a hundred pipers, &c.

BONNIE BRIER BUSH.

Words by ROBERT BURNS.
Arranged by T. S. GLEADHILL.

Ye'll come nae mair, Jamie, where aft ye hae been ;
Ye'll come nae mair, Jamie, where aft ye hae been ;
Ye lo'ed ower weel the dancin' at Carlisle ha',
An' forgot the Hielan' hills that were far awa'.

He's comin' frae the north that's to fancy me ;
He's comin' frae the north that's to fancy me ;
A feather in his bonnet, and a ribbon at his knee,
He's a bonnie Hielan' laddie, and ye be na he.

THERE WAS A LAD WAS BORN IN KYLE.

III.

The gossip keckit in his loof,
Quo' she, wha lives will see the proof,
This waly boy will be nae coof,
    I think we'll ca' him Robin.
        For Robin was a rovin' boy, &c.

IV.

He'll hae misfortunes great and sma',
But aye a heart aboon them a';
He'll be a credit to us a',
    We'll a' be proud o' Robin.
        For Robin was a rovin' boy, &c.

V.

But sure as three times three mak' nine,
I see by ilka score and line,
This chap will dearly like our kin',
    So leeze me on thee, Robin.
        For Robin was a rovin' boy

BONNIE DUNDEE.

III.

There are hills beyond Pentland, and lands beyond Forth,
If there's lords in the south, there are chiefs in the north:
There are brave Dunniewassals, three thousand times three,
Will cry 'hey for the bonnets o' bonnie Dundee.'
    Come fill up my cup, &c.

IV.

'Then awa' to the hills, to the lea, to the rocks,
Ere I own a usurper I'll crouch wi' the fox;
And tremble, false Whigs, in the midst o' your glee,
Ye hae no seen the last o' my bonnets an' me.
    Come fill up my cup, &c.

III.
Bonnie Mary Hay, it's a haliday to me,
When thou art couthie, kind, and free;
There's nae cloud in the lift nor storm in the sky,
O bonnie Mary Hay, when thou art nigh.

IV.
Bonnie Mary Hay, thou maunna say me nay,
But come to the bower by the hawthorn brae;
But come to the bower, an' I'll tell you what's true,
O Mary, I can never lo'e ane but you.

HUNTINGTOWER; OR "WHEN YE GANG AWA JAMIE."

DUET.

Old Ballad.
Arranged by T. S. GLEADHILL.

1. When ye gang a-wa', Jamie, Far a-cross the sea, lad-die; When ye gang to Ger-ma-nie, What will ye send to me, lad-die? I'll send ye a braw new gown, Jea-nie, I'll send ye a braw new gown, las-sie, And it shall be o' silk and gow'd, Wi' Va-len-ciennes set round, las-sie.

2. That's nae gift a-va', Jamie, That's nae gift a-va', lad-die, There's ne'er a gown in a' the land, I'd like when ye're a-wa', lad-die, When I come back a-gain, Jea-nie, When I come back a-gain, las-sie, I'll bring wi' me a gal-lant gay, To be your ain gude-man, las-sie.

HUNTINGTOWER.

III.

SHE. Be my gudeman yoursel', Jamie,
    Be my gudeman yoursel', laddie,
    And tak' me ower to Germanie,
    Wi' you at hame to dwell, laddie.
HE. I dinna ken how that would do, Jeanie,
    I dinna ken how that can be, lassie,
    For I've a wife and bairnies three,
    And I'm no sure how ye'd gree, lassie.

IV.

SHE. You should hae telt me that in time, Jamie,
    You should hae telt me that in time, laddie,
    For had I kent o' your fause heart,
    You ne'er had gotten mine, laddie.
HE. Your een were like a spell, Jeanie,
    Your een were like a spell, lassie,
    That ilka day bewitched me sae,
    I couldna' help mysel', lassie.

V.

SHE. Gae back to your wife and hame, Jamie,
    Gae back to your bairnies three, laddie,
    And I will pray they ne'er will thole
    A broken heart like me, laddie.
HE. Dry that tearfu' e'e, Jeanie,
    My story's a' a lee, lassie,
    I've neither wife nor bairnies three,
    And I'll wed nane but thee, lassie.

VI.

SHE. Think weel before ye rue, Jamie,
    Think weel for fear ye rue, laddie,
    For I hae neither gowd nor lands,
    To be a match for you, laddie.
HE. Blair in Athol's mine, Jeanie,
    Little Dunkeld is mine, leddy;
    Saint Johnston's bower and Huntingtower,
    An' a' that's mine is thine', lassie.

DUET FOR LAST FOUR LINES.

ANNIE LAWRIE.

III.

Like dew on the gowan lying,
   Is the fa' o' her fairy feet;
And like winds in summer sighing,
   Her voice is low and sweet.
Her voice is low and sweet,
   And she's a' the world to me;
And for bonnie Annie Lawrie,
   I'd lay me down and dee.

BONNIE PRINCE CHARLIE.

III.

I'll to Lochiel and Appin, and kneel to them;
Down by Lord Murray and Roy of Kildarlie;
Brave Mackintosh, he shall fly to the field wi' them;
These are the lads I can trust wi' my Charlie.
      Follow thee, follow thee, &c.

IV.

Down thro' the Lowlands, down wi' the Whigamores,
Loyal true Highlanders, down wi' them rarely;
Ronald and Donald, drive on wi' the braid claymores
Over the necks o' the foes o' Prince Charlie.
      Follow thee, follow thee, &c.

JOCK O' HAZELDEAN.

seen;' But aye she loot the tears down fa' For Jock o' Hazel-
keen,' But aye she loot the tears down fa' For Jock o' Hazel-

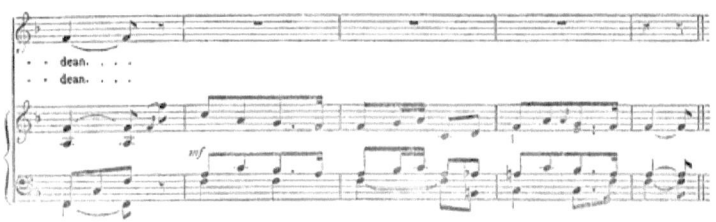

- dean. . . .
- dean. . . .

III.

'A chain of gold ye shall not lack,
    Nor braid to bind your hair;
Nor mettled hound, nor managed hawk,
    Nor palfrey fresh and fair.
And you the foremost of them a'
    Shall ride, our forest queen—
But aye she loot the tears down fa'
    For Jock o' Hazeldean.

IV.

The kirk was decked at morning tide,
    The tapers glimmered fair,
The priest and bridegroom wait the bride,
    And dame and knight are there.
They sought her baith by bower and ha',
    The lady was not seen;
She's ower the border and awa'
    Wi' Jock o' Hazeldean.

III.

Though you've been false, yet, while I live,
  I'll loe nae maid but thee, Mary;
Let friends forget, as I forgive
  Thy wrongs to them and me, Mary.
So then, farewell! o' this be sure,
  Since you've been false to me, Mary,
For a' the world I'd not endure
  Half what I've done for thee, Mary.

THE BLUE BELLS OF SCOTLAND.

Words by Mrs. GRANT. Arranged by T. S. GLEADHILL.

III.
O what, tell me what, does your Highland laddie wear?
O what, tell me what, does your Highland laddie wear?
A bonnet with a lofty plume, the gallant badge of war,
And a plaid across the manly breast that yet shall wear a **star**.

IV.
Suppose, ah suppose, that some cruel, cruel wound
Should pierce your Highland laddie and all your hopes confound;
The pipe would play a cheering march, the banners round him fly,
And for his king and country dear with pleasure would he die.

V. But I will hope to see him yet in Scotland's bonnie bounds,
But I will hope to see him yet in Scotland's bonnie bounds;
His native land of liberty shall nurse his glorious wounds,
While wide through all **our** Highland hills his warlike name resounds

CALLER HERRIN'.

III.

And when the creel o' herrin' passes,
Ladies, clad in silk and laces,
Gather in their braw pelisses,
Cast their heads an' screw their faces.
  Buy my caller herrin', &c.

IV.

Noo neebour's wives, come tent my tellin',
When the bonnie fish ye're sellin',
At a word aye be your dealin',
Truth will stand when a' thing's failin'.
  Buy my caller herrin', &c.

HIGHLAND MARY.

tar - ry, For there I took the last fare-weel Of my sweet High-land
dea - rie; For dear to me as light and life Was my sweet High-land

Ma - ry.
Ma - ry.

III.

Wi' mony a vow and lock'd embrace
    Our parting was fu' tender;
And pledging aft to meet again
    We tore oursels asunder.
But, oh! fell death's untimely frost
    That nipt my flow'r sae early!
Now green's the sod, and cauld's the clay,
    That wraps my Highland Mary.

IV.

Oh! pale, pale now those rosy lips
    I aft hae kiss'd sae fondly!
And clos'd for aye the sparklin' glance
    That dwelt on me sae kindly!
And mould'ring now in silent dust
    The heart that lo'ed me dearly!
But still within my bosom's core
    Shall live my Highland Mary.

III.

I look'd her in my warm embrace,
   Her heart was beating rarely, O;
My blessings on that happy place
   Amang the rigs o' barley, O.
But by the moon and stars sae bricht
   That shone that hour sae clearly, O,
She aye shall bless that happy nicht
   Amang the rigs o' barley, O.
      Corn rigs, &c.

IV.

I hae been blythe wi' comrades dear,
   I hae been merry drinkin', O,
I hae been joyfu' gath'rin' gear,
   I hae been happy thinkin', O;
But a' the pleasures o'er I saw,
   Though three times doubl'd fairly, O,
That happy nicht was worth them a',
   Amang the rigs o' barley, O.
      Corn rigs, &c.

III.

O whistle an' I'll come to ye, my lad,
O whistle an' I'll come to ye, my lad;
Tho' faither, an' mither, an' a' should gae mad,
O whistle an' I'll come to ye, my lad.
Aye vow an' protest that ye care na for me,
An' whiles ye may lightlie my beauty a wee;
But court nae anither, tho' jokin' ye be,
For fear that she wyle your fancy frae me,
For fear that she wyle your fancy frae me,

GET UP AND BAR THE DOOR.

huss - wyf - skip, Gude' - man, as ye may see, O! An' it should nae be barr'd this
'tween them twa, They made it firm and sure, O! Wha - e - ver spak' the

hun - dred year, It's no be barr'd for me, O!
fore - most word Should rise and bar the door, O!

V.

Then by there cam' twa gentlemen,
At twelve o'clock at nicht, O!
An' they could neither see house nor ha',
Nor coal nor candle licht, O!

VI.

Now, whether is this a rich man's house,
Or whether is it a poor, O!
But ne'er a word wad ane o' them speak,
For barrin' o' the door, O!

VII.

And first they ate the white puddin's,
And then they ate the black, O!
Tho' muckle thocht the gudewife to hersel',
Yet ne'er a word she spak', O!

VIII.

Then said the ane unto the ither—
'Here, man, tak' ye my knife, O!
Do ye tak' aff the auld man's beard,
An' I'll kiss the gudewife, O!'

IX.

'But there's nae water in the house,
And what shall we do then, O?
'What ails ye at the puddin' bree
That boils intil the pan, O?'

X.

O up then started our gudeman,
And an angry man was he, O!
'Will ye kiss my wife before my een,
And scaud me with puddin' bree, O?

XI.

Then up and started our gudewife,
Gied three skips on the floor, O!
'Gudeman, you've spoken the foremost word,
Get up an' bar the door, O!'

III.

The sun peeps owre yon southland hills
  Like ony timorous carlie,
Just blinks a wee, then sinks again,
  And that we find severely.
Now up in the morning's no for me,
  Up in the morning early;
When snaw blaws in at the chimley cheek,
  Wha'd rise in the morning early?

IV.

Nae linties lilt on hedge or bush,
  Poor things they suffer sairly;
In cauldrife quarters a' the nicht,
  A' day they feed but sparely.
Now up in the morning's no for me,
  Up in the morning early,
A pennyless purse I wad rather dree
  Than rise in the morning early.

V.

A cosie house and cantie wife
  Aye keeps a body cheerly;
And pantries stow'd wi' meat an' drink,
  They answer unco' rarely.
But up in the morning—na, na, na!
  Up in the morning early;
The gowans maun glint on bank and brae,
  When I rise in the morning early.

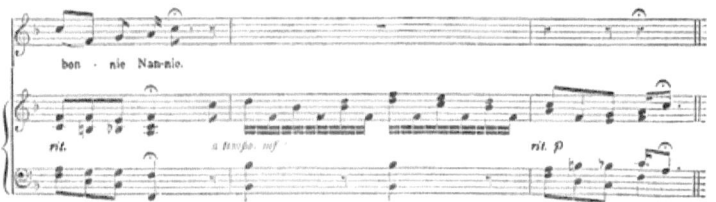

III.

My heart lay beatin' the flow'ry green,
In quakin', quiverin' agitation;
An' the tears cam tricklin' doun frae my een
Wi' perfect love and admiration.
O my Nannie, &c.

IV.

There's mony a joy in this world below,
An' sweet the hopes that to sing were uncanny;
But o' a' the pleasures I ever can know,
There's nane like the love o' my bonnie Nannie.
O my Nannie, &c.

JOHN CRUMLIE.

III.

O he did dress his children fair,
  And he put them a' in their gear;
But he forgot to turn the maut,
  And so he spoiled the beer.
And he sang loud as he reel'd the tweel
  That his wife span yesterday;
But he forgot to put up the hens,
  And the hens a' layed away.
    Singing fal de lal lal, &c.

IV.

The hawket crummie loot down nae milk;
  He kirned, nor butter gat;
And a' gaed wrang, and nought gaed richt,
  He danced wi' rage, and grat.
Then up he ran to the head o' the knowe,
  Wi' mony a wave an' shout,
She heard him as she heard him not,
  And steered the stots about.
    Singing fal de lal lal, &c.

V.

John Crumlie's wife cam' hame at e'en,
  And laugh'd as she'd been mad,
When she saw the house in siccan a plicht,
  And John sae glum and sad.
Quoth he, 'I gie up my housewife's keep,
  I'll be nae mair gudewife;'
'Indeed,' quo she, 'I'm weel content,
  Ye may keep it the rest o' your life.'
    Singing fal de lal lal, &c.

VI.

'The deil be in that,' quo surly John,
  'I'll do as I've dune before,'
Wi' that the gudewife took up a stout rung,
  And John made aff to the door.
'Stop, stop, gudewife, I'll haud my tongue,
  I ken I'm sair to blame;
But henceforth I maun mind the plow,
  And ye maun bide at hame.'
    Singing fal de lal lal, &c.

III.

We twa hae paidl'd in the burn
Frae mornin' sun till dine;
But seas between us braid hae roar'd,
Sin' auld lang syne.
   For auld lang syne, &c.

IV.

And there's a hand, my trusty frien',
And gie's a hand o' thine;
And we'll tak' a richt guid willie-waught,
For auld lang syne.
   For auld lang syne, &c.

V.

And surely you'll be your pint stoup,
And surely I'll be mine;
And we'll tak' a cup o' kindness yet,
For auld lang syne.
   For auld lang syne, &c.

AULD LANG SYNE.

WHEN THE KYE COMES HAME.

III.

Then the eye shines sae bright the haill soul to beguile,
There's love in ev'ry whisper, and joy in ev'ry smile;
O, wha would choose a crown, wi' its perils and its fame,
And miss a bonnie lassie when the kye comes hame.
　　　　　　When the kye comes hame, &c.

IV.

See yonder pawky shepherd that lingers on the hill,
His yowes are in the fauld and his lambs are lying still;
Yet he downa gang to rest, for his heart is in a flame
To meet his bonnie lassie when the kye comes hame.
　　　　　　When the kye comes hame, &c.

V.

Awa' wi' fame and fortune—what comfort can they gie?
And a' the arts that prey on man's life and liberty!
Gie me the highest joy that the heart o' man can frame,
My bonnie, bonnie lassie when the kye comes hame.
　　　　　　When the kye comes hame, &c.

MY BOY TAMMY.

III.

What said ye to the bonnie bairn,
    My boy Tammy?
I praised her een, sae bonnie blue,
Her dimpled cheek and cherry mou',
An' preed it aft, as ye may trow!
    She said she'd tell her mammie.

IV.

I held her to my beating heart,
    My young, my smiling lammie!
I hae a house, it cost me dear,
I've walth o' plenishin' an' gear;
Ye'se get it a' wer't ten times mair,
    Gin ye will leave your mammie.

V.

The smile gaed aff her bonny face—
    I maunna leave my mammie!
She's gien me meat, she's gien me claes,
She's been my comfort a' my days;
My father's death brought mony waes—
    I canna leave my mammie.

VI.

We'll tak' her hame an' mak' her fain,
    My ain kind hearted lammie;
We'll gie her meat, we'll gie her claes,
We'll be her comfort a' her days—
The wee thing gie's her hand and says
    There! gang and ask my mammie.

VII.

Has she been to the kirk wi' thee,
    My boy Tammy?
She has been to the kirk wi' me,
An' the tear was in her ee;
For O! she's but a young thing,
    Just come frae her mammie.

COME SIT THEE DOWN.*

Music by J. SINCLAIR.
Arranged by T. S. GLEADHILL.

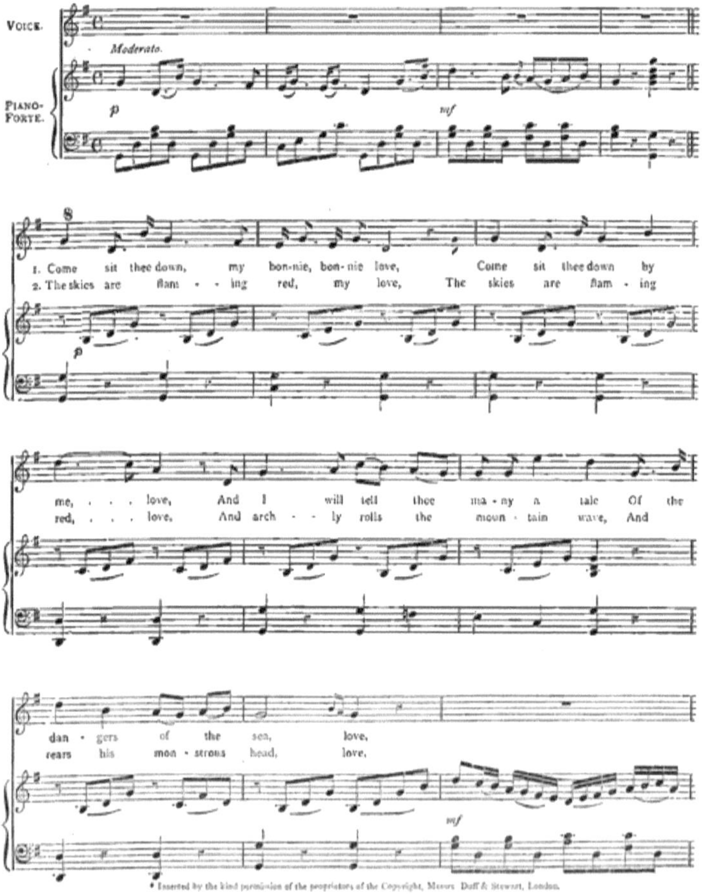
VOICE.
PIANO-FORTE.
Moderato.
p
mf
1. Come sit thee down, my bon-nie, bon-nie love, Come sit thee down by
2. The skies are flam - - ing red, my love, The skies are flam - ing
me, . . . love, And I will tell thee ma - ny a tale Of the
red, . . . love, And arch - - ly rolls the moun - tain wave, And
dan - gers of the sea, love,
rears his mon - strous head, love,

* Inserted by the kind permission of the proprietors of the Copyright, Messrs. Duff & Stewart, London.

COME SIT THEE DOWN

AND YE SHALL WALK IN SILK ATTIRE.

Words by Miss Blamire.   Arranged by T. S. Gleadhill.

AND YE SHALL WALK IN SILK ATTIRE.

III.

His gentle manners wan my heart,
He gratefu' took the gift;
Could I but think to see it back,
It wad be waur than theft.
For langest life can ne'er repay
The love he bears to me;
And e'er I'm forced to break my troth
I'll lay me down and dee.

THE LASS O' PATIE'S MILL

III

Oh! had I a' the wealth
  Hopetoun's high mountains fill,
Insur'd long life and health,
  And pleasures at my will;
I'd promise and fulfil
  That none but bonnie she,
The lass o' Patie's mill,
  Should share the same wi' me.

WILL YE GANG TO THE BAUGY-BURN.

III.

It's no for a' its beauties rare,
But just because we courted there;
And noo for twenty years and mair
   You've been my ain dear dawtie.
      Then gang to the Baugy-Burn, &c.

IV.

We'll twine a wreath o' bonnie flow'rs,
We'll talk o' auld langsyne for hours;
While high aboon the lav'rock pours
   Its sang o' love an' Mary.
      Then gang to the Baugy-Burn, &c.

DOUN THE BURN, DAVIE LAD.

III.

As fate had dealt to him a rooth,
  Straight to the kirk he led her;
There plighted he his faith and truth,
  And a bonnie bride he made her.
No more ashamed to own her love,
Or speak her mind more freely,
Said, doun the burn, Davie lad,
  And I will follow thee.
    Doun the burn, &c.

A GUID NEW YEAR TO ANE AN' A'.

JOHNNIE COPE.

are ye sleep-in' I would wit? O haste ye, get up, for the drums do beat, O fie Cope, rise in the morn ing.

III.
Now, Johnnie, be as good as your word,
Come let us try baith fire and sword;
And dinna flee awa' like a frichted bird
   That's chased frae its nest in the morning.
        Then hey, Johnnie Cope, &c.

IV.
When Johnnie Cope he heard o' this,
He thought it wadna be amiss
To hae a horse in readiness
   To flee awa' in the morning.
        Then hey, Johnnie Cope, &c.

V.
Fly now, Johnnie, get up and rin,
The Highland bagpipes mak' a din;
It's best to sleep in a hale skin,
   For 'twill be a bluidy morning.
        Then hey, Johnnie Cope, &c.

VI.
When Johnnie Cope to Dunbar came,
They speer'd at him, "Where's a' your men?"
The deil confound me gin I ken,
   For I left them a' i' the morning.
        Then hey, Johnnie Cope, &c.

VII.
Now, Johnnie, troth ye are na blate
To come wi' the news o' your ain defeat,
And leave your men in sic a strait,
   Sae early in the morning.
        Then hey, Johnnie Cope, &c.

VIII.
O! faith, quo' Johnnie, I got sic flegs
Wi' their claymores and philabegs;
If I face them again, deil break my legs—
   So I wish you a' a gude morning.
        Then, hey Johnnie Cope, &c.

III.

Bright is the whin's bloom, ilk green knowe adorning,
  Sweet is the primrose, bespangled wi' dew;
Yonder comes Peggy to welcome May morning,
  Dark wave her haffet locks o'er her white brow.
O light, light she's dancin', keen on the gowany green,
  Barefoot and kilted half up to the knee;
While Jeanie is sleeping still, I'll rin and sport my fill,
  "I was asleep and ye've waken'd me."

IV.

"I'll rin and whirl her round, Jeanie is sleeping sound,
  Kiss her frae lug to lug, no ane can see;
Sweet, sweet's her hinny mou'—"we'll I'm no sleeping noo;
  I was asleep, but ye've waken'd me."
Laughing till like to drap, swith to my jean I lap,
  Kiss'd her ripe roses, and blest her black e'e;
And aye since whene'er we meet, sing, for the sound is sweet,
  "I was asleep, and ye've waken'd me."

THE MACGREGOR'S GATHERING.

LOUDON'S BONNIE WOODS AND BRAES.

III.

Oh! resume thy wonted smile,
  Oh! suppress thy fears, lassie;
Glorious honour crowns the toil
  That the soldier shares, lassie.
Heav'n will shield thy faithful lover
  Till the wageful strife is over;
Then we'll meet nae mair to sever
  Till the day we dee, lassie.
'Midst our bonnie woods and braes
  We'll spend our peacefu', happy days
As blythe's yon lichtsome lamb that plays
  On Loudon's flowery lea, lassie.

THE LAND O' THE LEAL.

Author of Words unknown. Arranged by T. S. GLEADHILL.

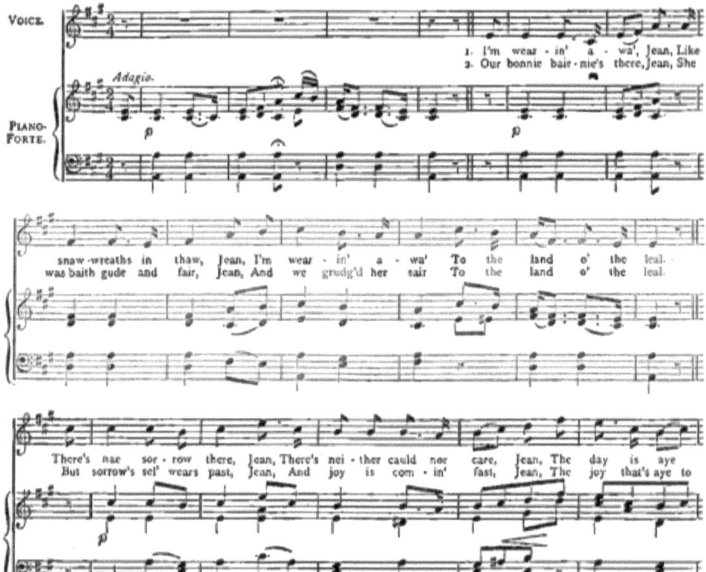
Voice.
Adagio.
Piano-Forte.
p
1. I'm wear - in' a - wa', Jean, Like snaw-wreaths in thaw, Jean, I'm wear - in' a - wa' To the land o' the leal.
2. Our bonnie bair - nie's there, Jean, She was baith gude and fair, Jean, And we grudg'd her sair To the land o' the leal.
There's nae sor - row there, Jean, There's nei - ther cauld nor care, Jean, The day is aye fair In the land o' the leal.
But sorrow's sel' wears past, Jean, And joy is com - in' fast, Jean, The joy that's aye to last In the land o' the leal.
mf

III.

Ye've been leal and true, Jean,
Your task is ended now, Jean,
And I'll welcome you
To the land o' the leal.
Then dry that glistenin' e'e, Jean,
My soul langs to be free, Jean,
And angels wait on me
To the land o' the leal.

IV.

A' our friends are gane, Jean,
We've lang been left alane, Jean,
We'll a' meet again
In the land o' the leal.
Now fare ye weel, my ain Jean,
This warld's care is vain, Jean,
We'll meet and aye be fair
In the land o' the leal.

III.
My poor heart, then, break it must,
  My last hour I'm near it;
When you lay me in the dust,
  Think, think how ye will bear it!
I will hope and trust in heaven,
  Nancy, Nancy!
Strength to bear it will be giv'n,
  My spouse Nancy!

IV.
Well, sir, from the silent dead,
  Still I'll try to daunt you;
Ever round your midnight bed
  Horrid sprites will haunt you.
I'll wed another like my dear,
  Nancy, Nancy!
Then the fiends will fly for fear,
  My spouse Nancy!

BONNIE JEANIE GRAY.*

Music by R. WEBSTER.
Arranged by T. S. GLEADHILL.

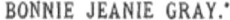

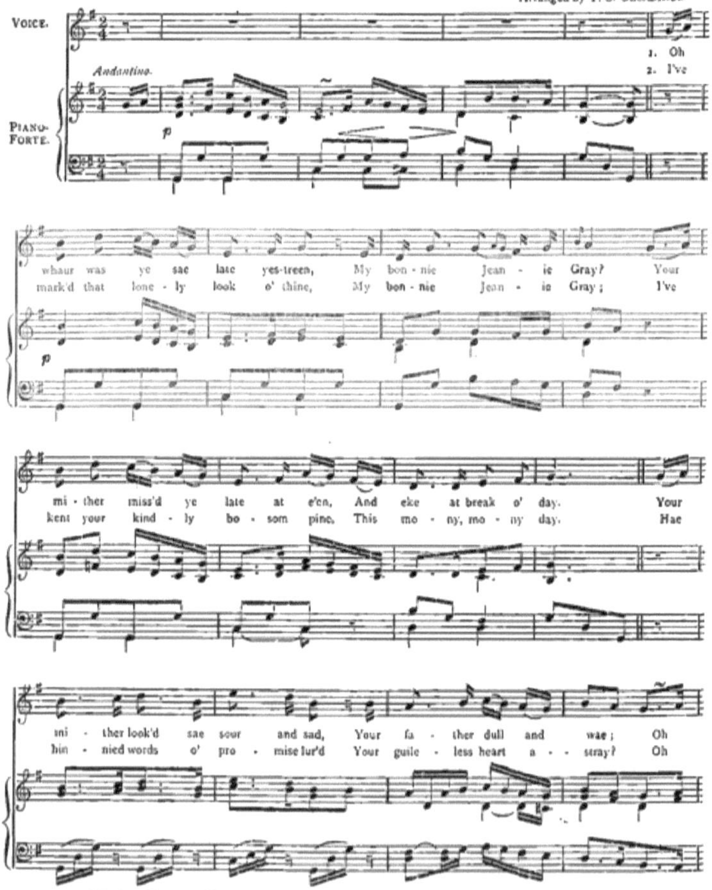
VOICE.
PIANO-FORTE.
Andantino.
p
1. Oh whaur was ye sae late yes-treen, My bon-nie Jean-ie Gray? Your mi-ther miss'd ye late at e'en, And eke at break o' day. Your mi-ther look'd sae sour and sad, Your fa-ther dull and wae; Oh
2. I've mark'd that lone-ly look o' thine, My bon-nie Jean-ie Gray; I've kent your kind-ly bo-som pine, This mo-ny, mo-ny day. Hae hin-nied words o' pro-mise lur'd Your guile-less heart a-stray? Oh

* The first and last stanzas of this song were written by William Paul, Glasgow, and the second by William Thom, the Inverury Poet.

BONNIE JEANIE GRAY.

whaur was ye sae late yes-treen, My bon-nie Jean-ie Gray.
din-na hide your grief frae me, My bon-nie Jean-ie Gray.

III.

Dear sister, sit ye down by me,
  And let naebody ken,
For I hae promised, late yestreen,
  To wed young Jamie Glen.
The melting tear stood in his e'e,
  What heart could say him nay?
As aft he vowed, through life I'm thine,
  My bonnie Jeanie Gray.

LOGAN WATER.

Words by JOHN MAYNE. Arranged by T. S. GLEADHILL.

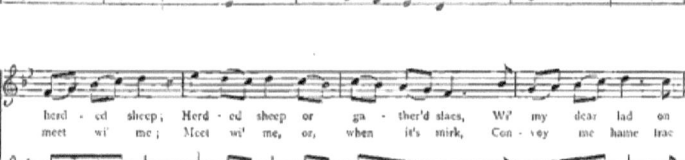

1. By Logan's streams that rin sae deep, Fu' aft wi' glee I've
2. Nae mair at Logan kirk will he A-tween the preach-ings

herd-ed sheep; Herd-ed sheep or ga-ther'd slaes, Wi' my dear lad on
meet wi' me; Meet wi' me, or, when it's mirk, Con-vey me hame frae

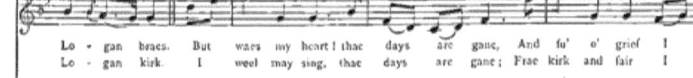
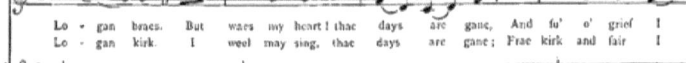

Lo-gan braes. But waes my heart! thae days are gane, And fu' o' grief I
Lo-gan kirk. I weel may sing, thae days are gane; Frae kirk and fair I

LOGAN WATER.

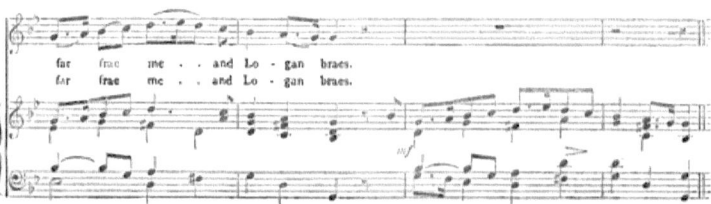

III.

At e'en, when hope amaist is gane,
I daunder dowie and forlane,
Or sit beneath the trystin'-tree,
Where first he spak' o' love to me.
O! could I see thae days again,
My lover skaithless and my ain,
Revered by friends, and far frae faes,
We'd live in bliss on Logan braes.

THE LAIRD O' COCKPEN.

III.

His wig was weel pouther'd an' as gude as new,
His waistcoat was white, his coat it was blue;
He put on a ring, a sword, an' cock'd hat,
An' wha could refuse the Laird wi' a' that?

IV.

He took the gray mare an' rade cannilie,
An' rapp'd at the yett o' Clavers-ha' lea;
'Gae tell mistress Jean to come speedily ben,
She's wanted to speak wi' the Laird o' Cockpen.

V.

Mistress Jean she was makin' the elder-flower wine;
'An' what brings the Laird at sic a like time?'
She put off her apron, an' on her silk gown,
Her mutch wi' red ribbons, an' gaed awa' down.

VI.

An' when she cam' ben he bowed fu' low,
An' what was his errand he soon let her know;
Amazed was the Laird when the lady said, 'Na!'
An' wi a laigh curtsie she turn'd awa'.

VII.

Dumfounder'd was he, but nae sigh did he gie,
He mounted his mare an' he rade cannilie;
An' aften he thought, as he gazed through the glen,
She's daft to refuse the Laird o' Cockpen.

VIII.

An' now that the Laird his exit had made,
Mistress Jean reflected on what she had said,
'Oh! for ane I'll get better it's waur I'll get ten,
I was daft to refuse the Laird o' Cockpen!'

IX.

Neist time that the Laird and the Lady were seen,
They were gaun arm an' arm to the kirk on the green;
Now she sits in the ha' like a weel tappit hen;
But as yet there's nae chickens appeared at Cockpen.

TULLOCHGORUM.

cheer-fu' sing a-lang wi' me The reel o' Tul-loch-go-rum.
dance till we be like to fa' The reel o' Tul-loch-go rum.

III.

What need's there be sae great a fraise
Wi' dringin', dull Italian lays;
I wadna gi'e our ain strathspeys
    For half-a-hunder score o' them.
They're dowf and dowie at the best,
Dowf and dowie, dowf and dowie,
Dowf and dowie at the best,
    Wi' a' their variorum;
They're dowf and dowie at the best,
Their *allegros* and a' the rest,
They canna please a Highland taste,
    Compared wi' Tullochgorum.

IV.

Let warldly worms their minds oppress
Wi' fears o' want and double cess,
And sullen sots themsel's distress
    Wi' keeping up decorum:
Shall we sae sour and sulky sit,
Sour and sulky, sour and sulky,
Shall we sae sour and sulky sit,
    Like auld philosophorum?
Shall we sae sour and sulky sit,
Wi' neither sense, nor mirth, nor wit,
Nor ever rise to shake a fit
    To the reel o' Tullochgorum?

V.

May choicest blessings aye attend
Each honest, open-hearted friend,
And calm and quiet be his end,
    And a' that's guid watch o'er him:
May peace and plenty be his lot,
Peace and plenty, peace and plenty,
Peace and plenty be his lot,
    And dainties a great store o' them:
May peace and plenty be his lot,
Unstained by ony vicious spot,
And may he never want a groat
    That's fond o' Tullochgorum.

VI.

But for the silly, fawning fool,
Wha loves to be oppression's tool,
May envy gnaw his rotten soul,
    And discontent devour him;
May dool and sorrow be his chance,
Dool and sorrow, dool and sorrow,
Dool and sorrow be his chance,
    And nane say, "Wae's me for him."
May dool and sorrow be his chance,
And a' the ills that come frae France,
Whae'er he be that winna dance
    The reel o' Tullochgorum.

THE BRISK YOUNG LAD.

brisk young lad, an' a braw young lad, An' wow! but he was a bon-nie young lad Cam'

seek-ing me to woo.

III.

I set him in aside the bink;
I gied him bread and ale to drink;
But ne'er a blythe styme wad he blink
   Till he was warm an' fu'.
         And wow! but he was, &c.

IV.

Gae get you gane, you cauldrife wooer!
You sour-looking, cauldrife wooer!
I straightway show'd him to the door,
   Saying, 'Come nae mair to woo.'
         And wow! but he was, &c.

V.

There lay a deuk-dub before the door,
Before the door, before the door;
There lay a deuk-dub before the door,
   An' there fell he, I trow!
         And wow! but he was, &c.

VI.

Out cam' the gudeman an' heigh he shouted;
Out cam' the gudewife an' laigh she louted;
An' a' the toun neebours were gather'd about it,
   An' there lay he, I trow!
         And wow! but he was, &c.

VII.

Then out cam' I an' sneer'd an' smiled,
'Ye cam' to woo but ye're a' beguiled;
Ye've faun in the dirt and ye're a' befyled,
   We'll hae nae mair o' you!'
         And wow! but he was, &c.

MARY OF CASTLECARY.

skin it is milk-white; Dark is the blue o' her saft roll-ing e'e, Red, red her ripe lips, and
skin it was milk-white; Dark was the blue o' her saft roll-ing e'e, Red, red her ripe lips, and

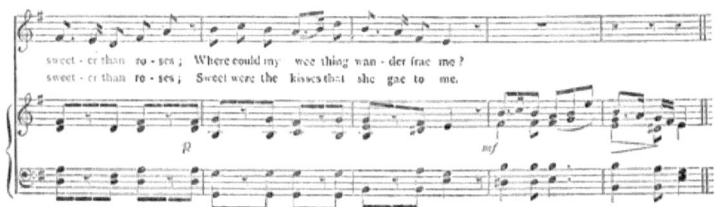

sweet-er than ro-ses; Where could my wee thing wan-der frae me?
sweet-er than ro-ses; Sweet were the kisses that she gae to me.

III.

It was na my wee thing, it was na my ain thing,
    It was na my true love ye met by the tree;
Proud is her leal heart, and modest her nature,
    She never lo'ed ony till ance she lo'ed me.
Her name it is Mary, she's frae Castlecary,
    Aft has she sat, when a bairn, on my knee;
Fair as your face is, wer't fifty times fairer,
    Young braggart, she ne'er would gie kisses to thee.

IV.

It was then your Mary, she's frae Castlecary,
    It was then your true love I met by the tree;
Proud as her heart is, and modest her nature,
    Sweet were the kisses that she gae to me.
Sair gloom'd his dark brow, blood-red his cheek grew,
    Wild flash'd the fire frae his red rolling e'e!
Ye's rue sair this mornin' your boasts an' your scorning;
    Defend ye, fause traitor, fu' loudly ye lie!

V.

Awa' wi' beguiling, cried the youth, smiling
    Aff went the bonnet, the lint-white locks flee;
The belted plaid fa'ing, her white bosom showing,
    Fair stood the loved maid wi' the dark rolling e'e.
Is it my wee thing, is it my ain thing?
    Is it my true love here that I see?
O Jamie, forgie me, your heart's constant to me,
    I'll never mair wander, dear laddie, frae thee.

III.

A weel stockit mailin', himsell o't the laird,
 And marriage, aff hand, was his proffer;
I never loot on that I kenn'd it or cared,
 But thocht I might hae a waur offer, waur offer
 But thocht I might hae a waur offer.

IV.

But what do you think? in a fortnicht or less
 The diel's in his taste to gang near her;
He up the Gateslack to my black cousin Bess,
 Guess ye how, the jaud, I could bear her, could bear her,
 Guess ye how, the jaud, I could bear her.

V.

But a' the next week, as I fretted wi' care,
 I gaed to the tryst o' Dalgarnock;
And wha but my braw fickle wooer was there?
 Wha glower'd as if he'd seen a warlock, a warlock,
 Wha glower'd as if he'd seen a warlock.

VI.

Out ower my left shouther I gied him a blink
 Lest neebors micht say I was saucy;
My wooer he caper'd as he'd been in drink,
 And vow'd that I was his dear lassie, dear lassie,
 And vow'd that I was his dear lassie.

VII.

I speir'd for my cousin, fu' couthie and sweet,
 Gin she had recover'd her hearin'
And how my auld shoon fitted her shauchled feet;
 Guid save us, how he fell a swearin, a swearin',
 Guid save us, how he fell a swearin

VIII.

He begged for gudesake I wad be his wife,
 Or else I would kill him wi' sorrow;
She e'en to preserve the puir body in life,
 I think I maun wed him to-morrow, to-morrow,
 I think I maun wed him to-morrow.

III.

It is the moon—I ken her horn—
That's blinkin' in the lift sae hie;
She shines sae bricht to wyle us hame,
But by my sooth she'll wait a wee.
    We are nae fou, &c.

IV.

Wha first shall rise to gang awa',
A cuckold coward loon is he;
Wha last beside his chair shall fa',
He is the king amang us three.
    We are nae fou, &c.

MAGGIE LAUDER.

on your gate, ye bladder-skate. My name is Mag-gie Laud-er."
lasses loup as they were daft, When I blaw up my chant-er.

III.

Piper, quo' Meg, hae ye your bags?
   Or is your drone in order?
If ye be Rob, I've heard of you,
   Live you upon the border?
The lasses a', baith far and near,
   Have heard o' Rob the Ranter;
I'll shake my foot wi' richt gude will,
   Gif you'll blaw up your chanter.

IV.

Then to his bags he flew wi' speed,
   About the drone he twisted;
Meg up and wallop'd o'er the green,
   For brawly could she frisk it.
Weel done, quo' he—play up, quo' she,
   Weel bobb'd, quo' Rob the Ranter;
'Tis worth my while to play, indeed,
   When I hae sic a dancer.

V.

Weel hae ye played your part, quo' Meg,
   Your cheeks are like the crimson;
There's nane in Scotland plays sae weel
   Since we lost Habbie Simson:
I've lived in Fife, baith maid and wife,
   These ten years and a quarter;
Gin ye should come to Anster fair,
   Speir ye for Maggie Lauder

III.

An' twa three todlin' weans they ha'e,
　The pride o' a' Stra'bogie;
Whene'er the totums cry for meat
　She curses aye his cogie;
Crying, "Wae betide the three gir'd cog,
　O wae betide the cogie;
It does mair skaith than a' the ills
　That happen in Stra'bogie."

IV.

She found him ance at Willie Sharp's,
　An' what they maist did laugh at,
She brak' the bicker, spilt the drink,
　An' tightly cuff'd his haffet;
Crying, "Wae betide the three gir'd cog,
　O wae betide the cogie;
It does mair skaith than a' the ills
　That happen in Stra'bogie."

V.

Yet here's to ilka honest soul
　Wha'll drink wi' me a cogie,
An' for ilk silly whinging fool
　We'll dook him in a bogie.
For I maun hae my cogie, sirs,
　I canna want my cogie;
I wadna gie my three gir'd cog
　For a' the wives in Bogie.

I LO'E NA A LADDIE BUT ANE.

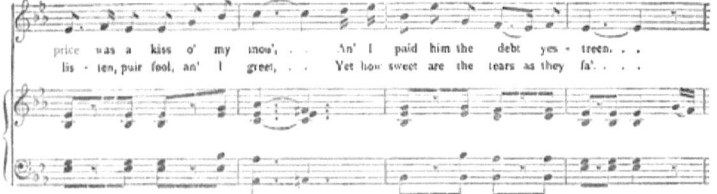

price was a kiss o' my mou', . . An' I paid him the debt yes-treen. . . .
lis-ten, puir fool, an' I greet, . . Yet how sweet are the tears as they fa'. . . .

III.

Dear lassie, he cries wi' a jeer,
  Ne'er heed what the auld anes will say;
Though we've little to brag o', ne'er fear,
  What's gowd to a heart that is wae?
Our lord has baith honours and wealth,
  Yet see how he's dwining wi' care;
How we, though we've naething but health,
  Are cantie an' leal evermair.

IV.

O Marion! the heart that is true
  Has something mair costly than gear;
Ilk e'en it has naething to rue,
  Ilk morn' it has naething to fear.
Ye warldlings, gae hoard up your store,
  And tremble for fear ought ye tyne;
Guard your treasures wi' lock, bar, an' door,
  While here in my arms I lock mine.

V.

He ends wi' a kiss an' a smile—
  Waes me, can I tak' it amiss?
My laddie's unpractis'd in guile,
  He's free aye to daut an' to kiss.
Ye lasses wha lo'e to torment
  Your wooers wi' fause scorn an' strife,
Play your pranks; I hae gi'en my consent,
  An this nicht I am Jamie's for life.

THE YELLOW-HAIR'D LADDIE.

dear - ly I'd lo'e him gin he wad lo'e me.
dear - ly I'd lo'e him gin he wad lo'e me.

III.

There's mealy mou'd Andrew comes up frae the mill,
And lang Will, the farmer, comes down frae the hill;
They crack wi' my faither o' markets an' kye,
As gin they thocht love wi' their siller to buy.

IV.

There's Adam, the factor, he scrapes an' he bows,
And ca's on the stars a' to witness his vows;
But he courts my tocher, and sae he is free
To marry my tocher—he'll ne'er marry me.

THE GARB OF OLD GAUL.

Such our love of li-ber-ty, our coun-try and our laws, That, like our an-cestors of old, we

stand by free-dom's cause; We'll brave-ly fight, like he-roes bright, for hon-our and ap-plause, And de-

-fy the French with all their art to al-ter our laws.

III.

As a storm in the ocean when Boreas blows,
So are we enraged when we rush on our foes;
We sons of the mountains, tremendous as rocks,
Dash the force of our foes with our thundering strokes.
    Such our love, &c.

IV.

We're tall as the oak on the mount of the vale,
Are swift as the roe which the hound doth assail;
As the full moon in autumn our shields do appear,
Minerva would dread to encounter our spear.
    Such our love, &c.

V.

Quebec and Cape Breton, the pride of old France,
In their troops fondly boasted till we did advance;
But when our claymores they saw us produce,
Their courage did fail, and they sued for a truce.
    Such our love, &c.

VI.

In our realm may the fury of faction long cease;
May our councils be wise, and our commerce increase;
And in Scotia's cold climate may each of us find
That our friends still prove true, and our beauties prove kind.
Then we'll defend our liberty, our country, and our laws,
And teach our late posterity to fight in freedom's cause,
That they like our bold ancestors, for honour and applause,
May defy the French with all their art to alter our laws.

THE KAIL BROSE OF AULD SCOTLAND.

Words by ALEX. WATSON.
Arranged by T. S. GLEADHILL.

THE KAIL BROSE OF AULD SCOTLAND.

III.

Then our sodgers were dress'd in their kilts and short hose,
With bonnet and belt, which their dress did compose,
And a bag of oatmeal on their back to make brose.
    Oh, the kail brose, &c.

IV.

In our free early ages, a Scotsman could dine
Without English roast beef, or famous French wine;
Kail brose, when weel made, he aye thocht it divine
    Oh, the kail brose, &c.

V.

At our annual election of bailies, or mayor,
Nae kickshaws of puddin's or tarts were seen there.
But a cog o' kail brose was the favourite fare.
    Oh, the kail brose, &c.

VI.

But now since the thistle is joined to the rose,
And the English nae langer are counted our foes,
We've lost a good part of our relish for brose.
    Oh, the kail brose, &c.

VII.

But each true-hearted Scotsman, by nature jocose,
Can cheerfully dine on a dishful of brose;
And the grace be a wish to get plenty of those.
    Oh, the kail brose, &c.

OWRE THE WATER TO CHARLIE.

Arranged by T. S. GLEADHILL

OWRE THE WATER TO CHARLIE.

III.

I swear by moon and stars sae bright,
 And the sun that glances early,
If I had twenty thousand lives
 I'd gie them a' for Charlie.
  We'll owre the water, &c.

IV.

I ance had sons, I now hae nane—
 I bred them toiling sairly;
And I would bear them a' again,
 And lose them a' for Charlie.
  We'll owre the water, &c.

LASS GIN YE LOE ME, TELL ME NOO.

I ha'e a pig will soon be a sow, An' I can-na come il-ka
ha'e three chick-ens an' a fat hen, An' I can-na come il-ka

day to woo.
day to woo.

III.

I hae a hen wi' a happity leg,
   Lass gin ye lo'e me, tell me now;
Which ilka day lays me an egg,
   An' I canna come ilka day to woo.
I hae a kebbuck upon my shelf,
   Lass gin ye lo'e me, tell me now;
I downa eat it a' mysel,
   An' I winna come ony mair to woo.

SHE'S FAIR AND FAUSE.

dear - est dear: But wo - man is but warld's gear, Sae let the bon-nie lass
to thy share; 'Twad been o'er mei-kle to gien thee mair, I mean an an - - gel

gang.
mind.

COME UNDER MY PLAIDIE.

III.

Dear Marion, let that flee stick fast to the wa',
Your Jock's but a gowk, and has naething ava;
The haill o' his pack he has now on his back;
He's thretty, and I am but threescore an' twa.
Be frank now and kindly—I'll busk ye aye finely,
To kirk or to market there'll few gang sae braw;
A bien house to bide in, a chase for to ride in,
And flunkies to tend ye as aft as ye ca'.

IV.

My faither aye tell'd me, my mither an' a',
Ye'd mak' a gude husband, an' keep me aye braw;
It's true I lo'e Johnnie, he's gude and he's bonnie,
But waes me! ye ken he has naething ava!
I hae little tocher, you've made a gude offer,
I'm now mair than twenty, my time is but sma';
Sae gie me your plaidie, I'll creep in beside ye,
I thocht you'd been aulder than threescore an' twa.

V.

She crap in ayont him beside the stane wa',
Whar Johnnie was listenin' an' heard her tell a';
The day was appointed, his proud heart it duntod,
And struck 'gainst his side as if burstin' in twa.
He wander'd hame weary, the nicht it was dreary,
And thowless, he tint his gate deep 'mang the snaw;
The howlet was screamin', while Johnnie cried "Women
Would marry Auld Nick, if he'd keep them aye braw!"

VI.

"O the deil's in the lasses, they gang now sae braw,
They'll lie down wi' auld men o' fourscore an' twa;
The haill o' their marriage is gowd and a carriage,
Plain love is the cauldest blast now that can blaw!
But lo'e them I canna, nor marry I winna
Wi' ony daft lassie as fair as a queen;
Till love hae a share o't, the never a hair o't
Shall gang in my wallet at mornin' or e'en."

O DINNA THINK, BONNIE LASSIE.

Words by HECTOR MACNEIL. Arranged by T. S. GLEADHILL.

1. O din-na think, bon-nie las-sie, I'm gaun to leave you; Din-na think, bon-nie las-sie, I'm gaun to leave you; Din-na think, bon-nie las-sie, I'm gaun to leave you; I'll tak' a stick in-to my hand An' come a-gain and see you.

2. It's but a night an' half a day that I'll leave my dear-ie, But a night an' half a day that I'll leave my dear-ie, But a night an' half a day that I'll leave my dear-ie; When-e'er the sun gaes west the loch I'll come a-gain and see you.

III.

Brisk.—O dinna think, bonnie lassie, I'm gaun to leave you,
　Dinna think, bonnie lassie, I'm gaun to leave you;
　Dinna think, bonnie lassie, I'm gaun to leave you,
　Whene'er the sun gaes out o' sicht I'll come again an' see you.
Slow.—Waves are rising o'er the sea, winds blaw loud an' fear me,
　Waves are rising o'er the sea, winds blaw loud an' fear me;
　While the waves and winds do roar I am wae an' dreary,
　And gin ye lo'e me as ye say, ye winna gang an' leave me.

IV.

Brisk.—O never mair, bonnie lassie, will I gang an' leave you;
　Never mair, bonnie lassie, will I gang an' leave you;
　Never mair, bonnie lassie, will I gang an' leave you;
　E'en let the world gang as it will, I'll stay at hame an' cheer thee.
　Frae his hand he caist his stick, I winna gang an' leave you;
　Threw his plaid into the neuk; never can I grieve you;
　Drew his boots an' dang them by, cried my lass be cheerie,
　I'll kiss the tear frae aff thy cheek, and never leave my dearie.

O WHA'S FOR SCOTLAND AND CHARLIE?

III.

The flags are fleeing fu' rarely,
The flags are fleeing fu' rarely;
And Charlie's awa'
To see his ain ha',
And to bang his faes right sairly.
Then wha's for Scotland and Charlie?
Then wha's for Scotland and Charlie?
He's come o'er the sea
To his ain countrie;
Then wha's for Scotland and Charlie?

WHA'LL BE KING BUT CHARLIE?

Come through the heather, a-round him gather, Come Ronald, come Donald, come a' the-gither, And claim your right-fu' law-fu' king, For wha'll be king but Char-lie?

III.

The Lowlands a', baith great an' sma',
Wi' mony a lord an' laird, hae
Declared for Scotia's king an' law,
An' speir ye wha but Charlie?
    Come through the heather, &c.

IV.

There's ne'er a lass in a' the land
But vows, baith late an' early,
To man she'll ne'er gie heart or han'
Wha wadna fecht for Charlie.
    Come through the heather, &c.

V.

Then here's a health to Charlie's cause,
An' be't complete an' early;
Her very name our heart's blood warms—
To arms for Royal Charlie
    Come through the heather, &c

FAREWELL TO LOCHABER.

III.

Then glory, my Jeanie, maun plead my excuse;
Since honour commands me, how can I refuse?
Without it, I ne'er can have merit for thee;
And losing thy favour I'd better not be.
I gae then, my lass, to win honour and fame,
And, if I should chance to come glorious hame,
I'll bring a heart to thee with love running o'er,
And then I'll leave thee and Lochaber no more.

HEATHER JOCK.

Taw-nie face and tou-zie hair, In his cleadin' un-co bare;
Curs'd and swore when-e'er he spoke, Nane could e-qual Heather Jock.

Sip the kirn and steal the butter, Nail the hens without a flutter;
Na! the watchfu', wily cock Durstna craw for Heather Jock.

III.

Eppie Blaikie lost her gown,
She coft sae dear at borough town;
Sandy Tamson's Sunday wig
Left the house to run the rig,
Jenny Baxter's blankets a'
Took a thocht to gang awa',
And a' the weans' bit printed frocks—
Wha was the thief but Heather Jock.

IV.

Jock was nae religious youth,
For at the priest he thraw'd his mouth;
He wadna say a grace, nor pray,
But play'd his pipes on Sabbath day,
Robb'd the kirk o' bann an' book,
Everything would lift he took;
He didna leave the weathercock,
Sic a thief was Heather Jock.

V.

Nane wi' Jock could draw a tricker,
'Mang the muirfowl he was sicker;
He watched the wild ducks at the springs,
And hanged the hares in hempen' strings,
Blaz'd the burns and spear'd the fish,
Jock had mony a dainty dish—
The best o' muirfowl an' blackcock
Aye graced the board of Heather Jock.

VI.

Nane wi' Jock had ony say
At the neive or cudgel play;
Jock for bolt or bar e'er staid,
Till ance the jail his courage laid.
Then the judge without delay
Sent him aff to Botany Bay,
And bade him mind the laws he broke,
And never mair play Heather Jock.

III.

I'm jealous o' what blesses her,
The very breeze that kisses her;
The flow'ry beds on which she treads,
    Though wae for ane that misses her.
Then O to meet my lassie yet,
Up in yon glen sae grassy yet;
For a' I see are nought to me
    Save her that's but a lassie yet.

BLYTHE, BLYTHE AND MERRY WAS SHE.

Phe - mie was a bon - nier lass Than braes o' Yar - row e - ver saw.
trip - ped by the banks o' Earn, As light's a bird up - on a thorn.

III.

Her bonnie face it was as meek
As ony lamb upon a lea;
The evening sun was ne'er sae sweet
As the blink o' Phemie's e'e.
    Blythe, blythe, &c.

IV.

The Highland hills I've wander'd wide,
And o'er the Lowlands I ha'e been;
But Phemie was the blythest lass
That ever trod the dewy green.
    Blythe, blythe, &c.

THE BUSH ABOON TRAQUAIR.

move her; The bon - nie bush a - boon Tra - quair Was
ten - der; If more there pass'd I'm not to blame, I

where I first did love her.
went not to of - fend her.

III.

Yet now she scornful flies the plain,
    The fields we then frequented;
If e'er we meet she shows disdain,
    And looks as ne'er acquainted.
The bonnie bush bloom'd fair in May,
    Its sweets I'll aye remember,
But now her frowns make it decay,
    It fades as in December.

IV.

Ye rural pow'rs who hear my strains,
    Why thus should Peggy grieve me?
Oh! make her partner in my pains,
    Then let her smiles relieve me.
If not, my love will turn despair,
    My passion no more tender;
I'll leave the bush aboon Traquair,
    To lonely wilds I'll wander.

O THIS IS NO MY AIN LASSIE.

III.

A thief sae pawky is my Jean,
She'll steal a blink by a' unseen ;
But gleg as light are lovers' een
   When kind love is in the e'e.
      O this is no my ain lassie, &c.

IV.

It may escape the courtly sparks,
It may escape the learned clerks;
But weel the watchin' lover marks
   The kind love that's in her e'e.
      O this is no my ain lassie, &c.

ROSLIN CASTLE.

III.

O hark, my love, on every spray
Each feather'd warbler tunes his lay;
'Tis beauty fires the ravish'd throng,
And love inspires the melting song.
Then let my raptur'd notes arise,
For beauty darts from Nanny's eyes;
And love my rising bosom warms,
And fills my soul with sweet alarms.

IV.

O come, my love, thy Colin's lay
With rapture calls, O come away!
Come while the muse this wreath shall twine
Around that modest brow of thine.
O hither haste, and with thee bring
That beauty blooming like the spring;
Those graces that divinely shine,
And charm this ravish'd breast of mine.

O KENMURE'S ON AND AWA', WILLIE.

no a heart that fears a Whig, That rides in Ken-mure's band....
hearts and swords are me-tal true, And that their foes shall ken....

III.

They'll live or die wi' fame, Willie,
 They'll live or die wi' fame;
But soon wi' sounding victorie
 May Kenmure's lord come haine.
Here's him that's far awa', Willie,
 Here's him that's far awa',
And here's the flower that I lo'e best,
 The rose that's like the snaw.

O WILLIE WAS A WANTON WAG.

III.

And was na Willie weel worth gowd,
   He wan the love o' great an' sma';
For, after he the bride had kiss'd,
   He kiss'd the lassies halesale a'.
Sae merrily round the ring they row'd,
   When by the hand he led them a';
And smack on smack on them bestow'd
   By virtue o' a standing law.

IV.

And was na Willie a great loon,
   As shyre a lick as e'er was seen;
When he danced wi' the lassies round
   The bridegroom spier'd where he had been.
Quoth Willie, I've been at the ring,
   Wi' bobbin', faith, my shanks are sair;
Gae ca' your bride and maidens in,
   For Willie he dow do nae mair.

V.

Then rest ye, Willie, I'll gae out
   And for a wee fill up the ring;
But shame light on his supple snout,
   He wanted Willie's wanton fling.
Then straight he to the bride did fare,
   Says, weel's me on your bonnie face
Wi' bobbin' Willie's shanks are sair,
   And I'm come out to fill his place.

VI.

Bridegroom, says she, you'll spoil the dance,
   And at the ring you'll aye be lag,
Unless, like Willie, you advance
   (O Willie has a wanton leg.)
For wit he learns us a' to steer,
   And foremost aye bears up the ring;
We will find nae us dancin' here,
   If we want Willie's wanton fling.

WE'RE A' NODDIN'.

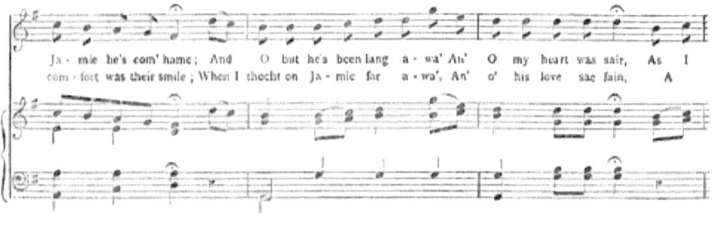

III.

When he knock'et at the door,
   I thocht I kent the rap,
And little Katie cried aloud,
   "My daddie has come back"!
A stoun' gaed through my anxious breast
   As thoughtfully I sat,
I raise—I gazed—fell in his arms
   And bursted out and grat.
      Noo we're a' noddin', &c.

THE PIPER O' DUNDEE.

THE PIPER O' DUNDEE.

III.

It's some gat swords, and some gat nane,
And some were dancin' mad their lane;
And mony a vow o' weir was ta'en
  That nicht at Amulrie.
There was Tullibardine and Burleigh,
And Struar, Keith, and Ogilvie,
And brave Carnegie, wha but he,
  The piper o' Dundee?
      And was nae he, &c

THE ROCK AND THE WEE PICKLE TOW

III.

The spinnin', the spinnin', it gars my heart sab
  To think on the ill beginnin' o't;
I took't in my head to make me a wab,
  And that was the first beginnin' o't.
But had I nine daughters, as I hae but three,
  The safest and soundest advice I wad gie,
That they wad frae spinnin' aye keep their heads free,
  For fear o' an ill beginnin' o't.

IV.

But if they in spite o' my counsel wad run
  The dreary sad task o' the spinnin' o't,
Let them find a lown seat by the light o' the sun,
  And syne venture on the beginnin' o't.
For wha's done as I've done, alake and avow!
  To busk up a rock at the cheek o' a lowe;
They'll say that I had little wit in my pow,
  O the muckle black deil tak' the spinnin' o't.

THE BRAES ABOON BONAW.

III.

I'll hunt the roe, the hart, the doe,
    The Ptarmigan sae shy, lassie;
For duck and drake I'll beat the brake,
    Nae want shall thee come nigh, lassie.
        Wilt thou go, &c.

IV.

For trout and par, wi' cannie care,
    I'll wily skim the flee, lassie;
Wi' sic like cheer I'll please my dear,
    Then come awa' wi' me, lassie.
Yes I'll go, my bonnie laddie,
    Yes I'll go, my braw laddie;
Come weel, come wae, I'll kilt and gae
    To the braes aboon Bonaw, laddie.

ROBIN TAMSON'S SMIDDY.

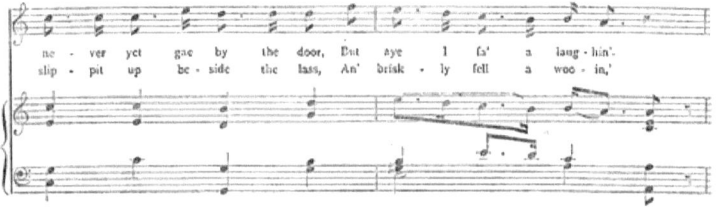

ne - ver yet gae by the door, But aye I fa' a laugh-in'.
slip - pit up be - side the lass, An' brisk - ly fell a woo - in,'

III.

An' aye she c'c'd my auld breeks
 The time that we sat crackin';
Quo' I, my lass, ne'er mind the clouts,
 I've new anes for the makin'.
But gin ye'll just come hame wi' me
 An' lea' the carle your faither,
Ye'se get my breeks to keep in trim,
 Mysel' and a' thegither.

IV.

'Deed lad, quo' she, your offer's fair,
 I'll really think I'll tak' it;
Sae gang awa', get out the mare,
 We'll baith slip on the back o't.
For gin I wait my faither's time,
 I'll wait till I be fifty;
But na, I'll marry in my prime
 An' mak' a wife fu' thrifty,

V.

Wow, Robin was an angry man
 At losing o' his dochter;
Thro' a' the kintra side he ran,
 An' far an' near he socht her.
But when he came to our fire end,
 An' fand us baith thegither,
Quo' I, gudeman, I've ta'en your bairn,
 An' ye may tak' my mither.

VI.

Auld Robin girn'd and sheuk his pow,
 Gude sooth, quo' he, you're merry,
But I'll just tak' ye at your word
 An' end this hurry burry.
So Robin an' our auld gudewife
 Agreed to creep thegither;
Noo I hae Robin Tamson's pet,
 An' Robin has my mither.

I AM A YOUNG MAN.

mi - ther was dee - in', there's nae - bo - dy liv - in' To mind the horse and the kye.

III.

Yestreen my mither she pouther'd my wig
　As white as the driven snaw,
She took an auld mutch an' shot in my gravat,
　Beside a big breast-pin an' a'.
　　　Sae what dae you think, &c.

IV.

Noo gang awa' Sandie, ye're gaun to the waddin',
　Ye ken ye're to be the best man,
And Bettie M'Haffie's to be the best maid,
　Mak' up to her noo like a man.
　　　Sae what do you think, &c.

V.

I gaed to the waddin', and Betty was there,
　And losh! but she was buskit braw,
She had ribbons and lace a' set round her face,
　And necklaces twa or three raw.
　　　Sae what do ye think, &c.

VI.

Sae to please my mither, an' speak up till her,
　At last I thocht I might try;
So I speer'd at Betty if ever she heard
　That we had twa dizzen o' kye.
Sae what do ye think o' me noo kind sirs,
　And what do you think I should try?
But wi' a toss o' her head she answer'd, "Indeed
　Wha cares for you or your kye."

THE LAMENT OF FLORA MACDONALD.

Words by JAMES HOGG.   Arranged by T. S. GLEADHILL.

THE LAMENT OF FLORA MACDONALD.

III.

The target is torn from the arm of the just,
  The helmet is cleft on the brow of the brave;
The claymore for ever in darkness must rust,
  But red is the sword of the stranger and slave;
The hoof of the horse, and the foot of the proud,
  Have trode o'er the plumes on the bonnet of blue:
Why slept the red bolt in the breast of the cloud
  When tyranny revell'd in blood of the true?
Farewed my young hero, the gallant and good,
  The crown of thy fathers is torn from thy brow

MARY MORISON.

III.

O Mary, canst thou wreck his peace
   Wha for thy sake wad gladly dee
Or canst thou break that heart of his,
   Whase only faut is loving thee?
If love for love thou wilt nae gie,
   At least be pity to me shown,
A thocht ungenial canna be
   The thocht o' Mary Morison.

CALLUM O' GLEN.

III.

The sun in his glory has look'd on our sorrow,
 The stars have wept blood over hamlet and lea;
O is there no dayspring for Scotland, no morrow
 Of bright renovation for souls of the free!
Yes! One above all has beheld our devotion,
 Our valour and faith are not hid from his ken;
The day is abiding of stern retribution
 On all the proud foemen of Callum o' Glen.

THE BONNIE HOUSE O' AIRLIE

ear - ly, An' lead in his men by the back o' Dun-keld, To
fair - ly, Or be - fore the morn - ing clear day - light, I'll no
plun - der the bon - nie house o' Air - lie.
leave a stand - in' stane in Air - lie.

III.

I wadna kiss thee, great Argyll,
   I wadna kiss thee fairly;
I wadna kiss thee, great Argyll,
   Gin you shouldna leave a standin' stane in Airlie.
He has ta'en her by the middle sae sma',
   Says, Lady, where is your dowry?
It's up and down the bonnie burnside,
   Amang the planting o' Airlie.

IV.

They sought it up, they sought it down,
   They sought it late and early,
And found it in the bonnie balm-tree
   That shines on the bowling-green o' Airlie.
He has ta'en her by the left shoulder,
   And oh! but she grat sairly,
And led her down to yon green bank
   Till he plunder'd the bonnie house o' Airlie.

V.

O it's I ha'e seven braw sons, she says,
   And the youngest ne'er saw his daddie;
And although I had as many mair
   I wad gie them a' to Charlie.
But gin my lord had been at hame
   As this night he is wi' Charlie,
There durst na a Campbell in a' the west
   Ha'e plunder'd the bonnie house o' Airlie.

III.

All was hush'd on the hill where love tarried despairing,
   With her bridesmaids still deck'd in their gay bridal gear;
And she wept as she saw them fresh garlands preparing
   That might laurel love's brow, or be strewed o'er his bier.
But cheer, thee, dear maiden, each wild breeze is laden
   With victory's slogan from mountain and grove;
Where war-steeds were prancing, and claymores were glancing,
   Lord Ronald had conquered for home and for love.

THE MARRIED MAN'S LAMENT.

Words by ROBERT NICOLL.　　　　　　　Arranged by T. S. GLEADHILL.

1. I ance was a wan-ter as hap-py's a bee, I med-dled wi' nane, an' nane med-dled wi' me; I whiles had a crack o'er a cog o' gude yill, Whiles a bick-er o' swats, whiles a heart-heat-ing gill, And I aye had a groat, if I had-na a pound, On this earth there was nane meikle hap-pi-er found.

2. Fu' soun may she sleep, a douce wo-man was she, Wi' her wheel, and her cat, and her cup-pie o' tea; My in-gle she keep-it as trig as a preen, And she ne'er speer'd ques-tions as where hae ye been? As what were ye do-ing? or wha was ye wi'? We were hap-py the-gi-ther, my mi-ther and me, But my

III.

When mither was gane for a while I was wae,
But a young chap was I, and a wife I maun hae;
A wife I soon got, and I aye hae her yet,
An' the folks think thegither we're unco weel fit;
But my ain mind hae I, tho' I daurna speak o't,
For mair than her gallop, I like my ain trot.
   But my auld mither, &c.

IV.

When I wi' a crony am taking a drop,
She'll yammer an' ca' me an auld drucken sot;
If an hour I bide out she greets and she yowls,
And bans a' gude fellows, baith bodies and souls;
And yet what a care she has o' her gudeman,
You'd think I was doated—I canna but ban.
   But my auld mither, &c.

V.

Now my gilpie young dochters are lookin' for men,
And I'll be a grandsire or ever I ken;
The laddies are thinking on ruling the roast,
Their father, puir body,'s as deaf as a post,
But he sees their upsetting sae crouse and sae bauld,
O why did I marry, and wherefore grow auld.
   But my auld mither, &c.

WANDERING WILLIE.

HAIL TO THE CHIEF!

III.

Row, vassals, row, for the pride of the Highlands!
Stretch to your oars for the evergreen pine!
O that the rosebud that graces yon island
Were wreath'd in a garland around him to twine!
O that some seedling gem,
Worthy such noble stem,
Honour'd and bless'd in their shadow might grow!
Loud should Clan Alpine then
Ring from her deepmost glen
Roderich Vich Alpine dhu, &c.

KIND ROBIN LOES ME.

bir - ken bow'r, Where first of love I fand the pow'r, And ken'd that Ro - bin loed me.
vel - vet fog, To gifts as lang's a plaid - en wab, De - cause I ken he loes me.

III.

He's tall and suncy, frank and free,
Loed by a' and dear to me;
Wi' him I'd live, wi' him I'd dee,
   Because my Robin loes me!
My sister Mary said to me
Our courtship but a joke wad be,
And I or lang be made to see
   That Robin did na loe me.

IV.

But little kens she what has been
Me and my honest Rob between;
And in his wooing, O sae keen,
   Kind Robin is that loes me!
Then fly ye lazy hours away,
And hasten on the happy day,
When "Join your hands," Mess John shall say,
   And mak' him mine that loes me.

MY MITHER'S AYE GLOWRIN' OWRE ME.

MY MITHER'S AYE GLOWRIN' OWRE ME.

1. Right fain would I tak' your of-fer, Sweet sir, but I'll tine my toch-er; Then
2. For though my father has plen-ty Of sil-ver and plenish-in' dain-ty, Yet

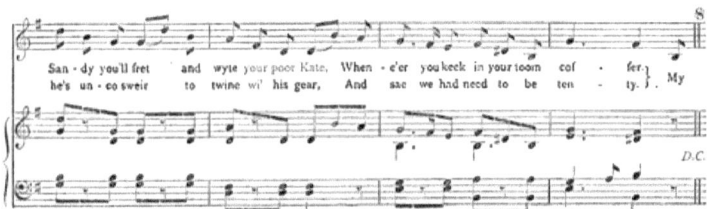

San-dy you'll fret and wyte your poor Kate, When-e'er you keek in your toom cof-fer.
he's un-co sweir to twine wi' his gear, And sae we had need to be ten-ty. } My

D.C.

III.

Tutor my parents wi' caution,
Be wylie in ilka motion;
Brag weel o' your land,
And there's my leal hand;
Win them, I'll be at your devotion.
  My mither's aye glowrin', &c.

BONNIE WOOD OF CRAIGIELEA.

Words by ROBERT TANNAHILL.   SONG AND CHORUS.   Arranged by T. S. GLEADHILL.

Thou bonnie wood of Craigielea, Thou bonnie wood of Craigielea, Near thee I've spent life's early day, And won my Mary's heart in thee.

1. The broom, the brier, the birken bush, Bloom bonnie o'er thy flow'ry lea; And a' the sweets that ane can wish Frae nature's hand are strew'd on thee.
2. Far ben thy dark green plantin's shade, The cushat croodles am'rously; The mavis down thy bughted glade Gars echo ring frae ev'ry tree.

Segue Chorus.

BONNIE WOOD OF CRAIGIELEA.

III.
Awa' ye thoughtless, murd'ring gang,
Wha tear the nestlings ere they flee;
They'll sing you yet a canty sang,
Then O in pity let them be!
Thou bonnie wood, &c.

IV.
When winter blaws in sleety show'rs,
Frae aff the norlan' hills sae hie,
He lightly skiffs thy bonnie bow'rs,
As laith to harm a flow'r as thee.
Thou bonnie wood, &c.

V.
Though fate should drag me south the line,
Or o'er the wide Atlantic sea,
The happy hours I'll ever min'
That I in youth hae spent in thee.
Thou bonnie wood, &c.

MUIRLAND WILLIE.

III.

Gudeman, quoth he, be ye within?
I'm come your dochter's love to win;
I care na for making meikle din,
    What answer gie ye me?
Now wooer, quoth he, would ye light doun,
I'll gie ye my dochter's love to win.
    With a fal, da, ra, &c.

IV.

Now wooer, sin' ye are lighted down,
Where do ye won on in what town?
I think my dochter winna gloom
    On sic a lad as ye.
The wooer he stepp'd up the house,
And wow but he was wondrous crouse.
    With a fal, da, ra, &c.

V.

The maid put on her kirtle brown,
She was the brawest in a' the town;
I wat on him she didna gloom,
    But blinkit bonnilie.
The lover he stended up in haste,
And gript her hard aboot the waist.
    With a fal, da, ra, &c.

VI.

The maiden blush'd and bing'd fu' law,
She hadna will to say him na;
But to her daddie she left it a',
    As they twa could agree.
The lover gied her the tither kiss,
Syne ran to her daddie and tell'd him this.
    With a fal, da, ra, &c.

VII.

The bridal day it came to pass
Wi' mony a blythesome lad and lass;
But siccan a day there never was,
    Sic mirth was never seen.
The winsome couple straked hands,
Mess John tied up the marriage bands.
    With a fal, da, ra, &c.

III.

Neist rackle-handed smithy Jock,
A' blacken'd owre wi' coom and smoke,
Wi' bletherin', bleer-e'ed Bess did yoke,
    That harum scarum quean.
He shook his doublet in the wind,
His feet like hammers strak the grund,
The very moudiwarts were stunn'd,
    Nor kenn'd what it could mean.
        Oh Allister Macallister, &c.

IV.

Now Allister has done his best,
And weary stumps are needin' rest,
Besides wi' drouth they're sair distressed
    Wi' dancin' sae, I ween.
I trow the gauntrees got a lift,
An' round the bickers flew like drift,
An' Allister that very nicht
    Could scarcely stand his lane.
        Oh Allister Macallister, &c.

TWA BONNIE MAIDENS.

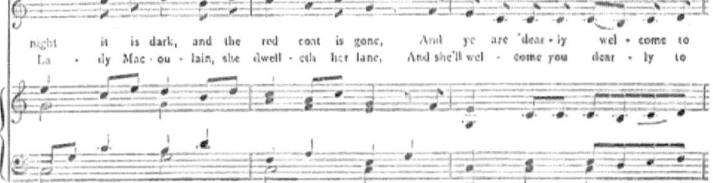

III.

Her arm it is strong, and her petticoat is long,
    My ain bonnie maidens, my twa bonnie maidens;
The sea moulit's nest I will watch o'er the main,
    And ye are bravely welcome to Skye again.
Come along, come along wi' your boatie and your song,
    My ain bonnie maidens, my twa bonnie maidens;
And saft saft ye rest where the heather it grows best,
    And ye are dearly welcome to Skye again.

IV.

There's a wind on the tree and a ship on the sea,
    My ain bonnie maidens, my twa bonnie maidens;
Your cradle I'll rock on the lea of the rock,
    And ye'll aye be welcome to Skye again.
Come along, come along wi' your boatie and your song,
    My ain bonnie maidens, my twa bonnie maidens;
Mair sound sall ye sleep as ye rock o'er the deep,
    And ye'll aye be welcome to Skye again.

III.

O Nanny canst thou love so true,
  Through perils keen wi' me to go?
Or when thy swain mishap shall rue
  To share wi' him the pang of woe?
Say, should disease or pain befall,
  Wilt thou assume the nurse's care?
Nor wistful, those gay scenes recall,
  Where thou wert fairest of the fair?

IV.

And when at last thy love shall die
  Wilt thou receive his parting breath?
Wilt thou repress each struggling sigh,
  And cheer with smiles the bed of death?
And wilt thou o'er his breathless clay
  Strew flowers and drop the tender tear?
Nor then regret those scenes so gay
  Where thou wert fairest of the fair?

TAK' YOUR AULD CLOAK ABOUT YE.

III.
HE.—My cloak was ance a gude grey cloak,
  When it was fitting for my wear;
But now it's scanty worth a groat,
  For I hae worn't this thretty year.
Let's spend the gear that we hae won,
  We little ken the day we'll dee;
Then I'll be proud, sin' I hae sworn
  To hae a new cloak about me.

IV.
SHE.—In days when gude King Robert rang,
  His trews they cost but half-a-crown;
He said they were a groat owre dear,
  And ca'd the tailor thief and loon.
He was the king that wore the crown,
  An' thou'rt a man of laigh degree;
It's pride puts a' the country doun,
  Sae tak your auld cloak about ye.

V.
HE.—Ilka land has its ain lauch,
  Ilk kind o' corn has its ain hool;
I think the world has a' gane wrang,
  When ilka wife her man maun rule.
Do ye no see Rob, Jock, and Hab,
  How they are girded gallantlie;
While I sit hurkling i' the ase?
  I'll hae a new cloak about me.

VI.
SHE.—Gudeman, I wat it's thretty year
  Sin' we did ane anither ken;
An' we hae had atween us twa
  Of lads an' bonnie lasses ten.
Now they are women grown an' men,
  I wish an' pray weel may they be,
An' if you'd prove a gude husband,
  E'en tak your auld cloak about ye.

VII.
HE.—Bell, my wife, she lo'es nae strife,
  But she wad guide me if she can;
An' to maintain an easy life
  I aft maun yield, though I'm gudeman.
Nocht's to be won at woman's han',
  Unless ye gie her a' the plea;
Then I'll leave aff where I began
  An' tak my auld cloak about me.

HE'S OWRE THE HILLS.

HE'S OWRE THE HILLS

fight for him, My bri-thers win-na bide at hame; My mi-ther greets and
Whigs may jeer, But ah! that love maun be sin-cere Which still keeps true what-

prays for them, And 'deed she thinks they're no to blame.
e'er be-tide, An' for his sake leaves a' be-side.

III.

His right these hills, his right these plains,
O'er Highland hearts secure he reigns;
What lads e'er did our lads will do;
Were I a lad I'd follow him too.
       He's owre the hills, &c.

IV.

Sae noble a look, sae princely an air,
Sae gallant and bold, sae young and sae fair;
Oh did you but see him ye'd do as ye've done;
Hear him but ance to his standard you'll run.
       He's owre the hills, &c.

WILLIE WI' HIS WIG AJEE.

Words by WILLIAM CHALMERS.

Music Composed and Arranged by T. S. GLEADHILL.

III.

At kirk on Sundays sic a change
Comes o'er his wig and mou' and e'e;
Sae douce, you'd think a cannon ba'
Wad scarce ca' Willie's wig a-jee.
But when on Mondays he begins
And rants and roars continually
Till ilk owk's end, the very weans
Gang daft when Willie's wig's a-jee.

THE THORN TREE.

III.

We met beneath the rising moon;
She bedded maist as soon as we,
She hung the westlin' heights aboon
When we cam' frae the thorn tree.
Oh for the thorn tree, the fresh, the milk-white thorn tree;
'Twas past the midnight hour a wee when we cam frae the thorn tree.

IV.

I've seen the glass careerin' past,
I liked it too—I'll never lee;
ut oh its joys can ne'er be classed
Wi' love aneath the thorn tree.
Oh for the thorn tree, the fresh, the milk-white thorn tree;
Of a' the joys there's nane to me like love aneath the thorn tree.

THE CHIEFTAIN TO HIS BRIDE.

III.

Thy coming like yon sun shall be
When breaks she through the mists at morn;
When bathed in light our mountains free,
Oh what can match the Land of Lorne?

Da Capo al segno. Then come broad Scotland o'er, my love,
And be of loyal hearts the pride;
The land of Burns, the land of Scott,
Shall yield thee homage true, my bride.

III.

A lawyer neist, wi' blatherin' gab,
Wha speeches wove like ony wab,
In ilk ane's corn aye took a dab,
    And a' for a fee.
Accounts he owed through a' the town,
And tradesmen's tongues nae mair could drown;
But now he thocht to clout his gown
    Wi' Jenny's bawbee.

IV.

A Norlan' laird neist trotted up,
Wi' bawsand naig and siller whup,
Cried, 'There's my beast, lad; haud the grup,
    Or tie't till a tree.
What's gowd to me? I've walth o' lan';
Bestow on ane o' worth your han'!'
He thocht to pay what he was aw'n
    Wi' Jenny's bawbee.

V.

Dress'd up just like the knave o' clubs
A *thing* cam' neist (but life has rubs);
Foul were the roads and fu' the dubs,
    And jaupit a' was he.
He danced up, squinting through a glass,
And grinned, 'I' faith a bonnie lass;'
He thought to win wi' front o' brass
    Jenny's bawbee.

VI.

She bade the laird gae kame his wig,
The sodger no to strut sae big,
The lawyer no to be a prig;
    The fool he cried, 'Tehee,
I kenn'd that I could never fail;'
But she preen'd the dishclout to his tail,
And soused him wi' the water pail,
    And kept her bawbee.

VII.

Then Johnnie cam', a lad o' sense,
Although he had na mony pence,
And took young Jenny to the spence,
    Wi' her to crack a wee.
Now Johnnie was a clever chiel,
And here his suit he press'd sae weel
That Jenny's heart grew saft as jeel,
    And she buried her bawbee.

HAME CAM' OUR GUDEMAN AT E'EN.

III.

Hame cam' our gudeman at e'en
 And hame cam' he;
And there he saw a feather cap,
 Where nae cap sud be.
How this? and what's this?
 And how cam' this to be?
How cam' this bonnet here
 Without the leave o' me?
Ye're a silly auld donard bodie,
 And unco blind I see;
It's but a tappit clocken hen
 My minnie sent to me!
A clocken hen, quo' he;
 A clocken hen, quo' she;
Far hae I ridden
 And farer hae I gane,
But white cockauds on clockin' hens
 Saw I never nane.

IV.

Ben the house gaed the gudeman,
 And ben gaed he;
And there he spied a Hieland plaid,
 Where nae plaid sud be.
How's this? and what's this?
 And how cam' this to be,
How cam the plaid here
 Without the leave o' me?
O hooly, hooly, my gudeman,
 And dinna anger'd be;
It cam' wi' cousin Mackintosh
 Frae the north country.
Your cousin, quo' he;
 Aye, cousin, quo' she;
Blind as ye may gibe me
 I've sight enough to see
Ye're hidin' Tories in the house
 Without the leave o' me.

BIDE YE YET

III.

An' if there should happen ever to be
A difference atween my wee wife an' me,
In hearty good humour, although she be teaz'd,
I'll kiss her and clap her until she be pleased.
           Sae bide ye yet, &c.

A MAN'S A MAN FOR A' THAT.

rank is but the guinea stamp; The man's the gowd for a' that.
honest man tho' e'er sae puir Is king o' men for a' that.

III.

Ye see yon birkie, ca'd a lord,
    Wha struts, an' stares, an' a' that:
Tho' hundreds worship at his word
    He's but a cuif, for a' that.
For a' that, an' a' that,
    His ribbon star, an' a' that,
The man of independent mind,
    He looks and laughs at a' that.

IV.

A king can mak' a belted knight,
    A marquis, duke, an' a' that;
But an honest man's abune his might—
    Gude faith, he maunna fa' that!
For a' that, an' a' that,
    Their dignities, an' a' that,
The pith o' sense, the pride o' worth,
    Are higher ranks than a' that.

V.

Then let us pray that come it may,
    As come it will for a' that,
That sense and worth o'er a' the earth,
    May bear the gree, an' a' that;
For a' that, an' a' that,
    Its comin' yet for a' that,
That man to man, the warld o'er,
    Shall brothers be for a' that.

III.

Her hair sae fair, her e'en sae clear,
Her wee bit mou', sae sweet and bonnie;
To me she ever will be dear,
Though she's for ever left her Johnnie.
Roy's wife, &c.

THE WOODS O' DUNMORE.

wan - der, dear las-sie, 'mang the woods o' Dun-more, An' wan - der, dear las-sie, 'mang the

woods o' . . . . . Dun-more.

III.

O come to my arms, lassie, charming and fair,
Awa' wild alarms, lassie dear;
This fond heart and thine like ivy shall twine,
I'd loe thee, dear lassie, till the day that's dee.
O dinna say me na, &c.

LOCHNAGARR.

III.

Shades of the dead, have I not heard your voices
    Rise on the night-rolling breath of the gale?
Surely the soul of the hero rejoices,
    And rides on the wind o'er his own Highland vale.
Round Lochnagarr, while the stormy mist gathers,
    Winter presides in his cold icy car;
Clouds there encircle the forms of my fathers;
    They dwell 'mid the tempests of dark Lochnagarr.

IV.

Years have rolled on, Lochnagarr, since I left you,
    Years must elapse ere I see you again;
Though nature of verdure and flowers has bereft you,
    Yet still thou art dearer than Albion's plain.
England, thy beauties are tame and domestic
    To one who has roved on the mountains afar;
Oh for the crags that are wild and majestic,
    The steep frowning glories of dark Lochnagarr.

SCOTLAND YET.

III.

The thistle wags upon the fields,
  Where Wallace bore his blade,
That gave her foemen's dearest bluid
  To dye her auld grey plaid.
And looking to the lift, my lads,
  He sang this doughty glee:
Auld Scotland's right, and Scotland's might,
  And Scotlands's hills for me;
I'll drink a cup to Scotland yet,
  Wi' a' the honours three.

THE BRAES O' BALQUHIDDER.

Words by Robert Tannahill. Arranged by T. S. Gleadhill.

THE BRAES OF BALQUHIDDER.

III.

I will range thro' the wilds,
  An' the deep glens sae dreary,
An' return wi' their spoils
  To the bower o' my dearie.
            Will ye go, &c.

IV.

When the rude wintry win'
  Idly raves round our dwellin'
An' the roar of the linn
  On the night-breeze is swellin'—
            Will ye go, &c.

V.

Sae merrily we'll sing,
  As the storm rattles o'er us,
T'll the dear sheeling ring
  Wi' the light liltin' chorus.
            Will ye go, &c.

VI.

Now the summer is in prime,
  Wi' the flow'rs richly bloomin',
An' the wild mountain thyme
  A' the moorlands perfumin'.
            Will ye go, &c.

VII.

To our dear native scenes
  Let us journey together,
Where glad innocence reigns
  'Mang the braes o' Balquhidder.
            Will ye go, &c.

MY WIFE HAS TAEN THE GEE.

Arranged by T. S. Gleadhill.

1. A friend o' mine cam' here yestreen, And he wad hae me doun To drink a pot of ale wi' him, In the neist borough toun. But oh! a-lake! it was the waur, And sair the waur for me! For lang or e'er that I cam' hame, My wife had taen the gee.

2. We sat sae late and drank sae stout, The truth I'll tell to you, That lang or e'er mid-night cam', We baith were roarin' lou. My wife sits by the fireside, And the tear blinds aye her e'e; The ne'er a bed will she gae to, But sit and tak' the gee.

III.
In the mornin' soon, when I came doun,
The ne'er a word she spak';
But mony a sad and sour look,
And aye her head she'd shak'.
'My dear,' quo' I, 'what aileth thee,
To look sae sour at me?
I'll never do the like again
If ye'll ne'er tak' the gee.'

IV.
When that she heard she ran, she flang
Her arms about my neck,
And twenty kisses in a crack,
And poor wee thing she grat.
'If ye'll ne'er do the like again,
But stay at hame wi' me,
I'll lay my life I se be the wife
That's never tak' the gee.'

PIBROCH O' DONUIL DHU.

Hark to the sum-mons! Come in your war ar-ray, Gen-tles and com-mons.
True heart that wears one; Come ev'-ry steel blade, and Strong hand that bears one.

III.

Leave untended the herd,
  The flock without shelter;
Leave the corpse uninterr'd,
  The bride at the altar.
Leave the deer, leave the steer,
  Leave nets and barges;
Come with your fighting gear,
  Broadswords and targes.
    Leave the deer, &c.

IV.

Come as the winds come, when
  Forests are rended;
Come as the waves come, when
  Navies are stranded.
Faster come, faster come,
  Faster and faster;
Chief, vassal, page, and groom,
  Tenant and master.
    Faster come, &c.

V.

Fast they come, fast they come,
  See how they gather!
Wide waves the eagle plume,
  Blended with heather.
Cast your plaids, draw your blades,
  Forward each man set;
Pibroch of Donuil Dhu,
  Knell for the onset!
    Cast your plaids, &c.

BONNIE AULD SCOTLAND.

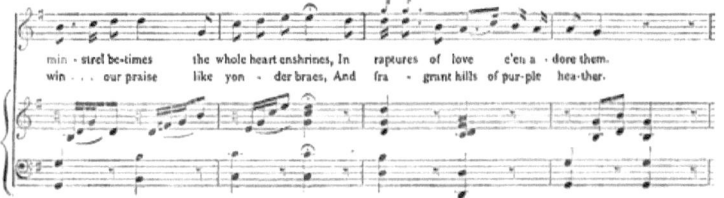

min - strel be-times the whole heart enshrines, In raptures of love e'en a - dore them.
win ... our praise like yon - der braes, And fra - grant hills of pur-ple hea-ther.

Bon-nie auld Scot-land bon-nie auld Scot-land, The land of my birth, dear bon-nie auld Scot-land.

III.

'Tis because thou'rt the land of our birth, bonnie Scotland,
Our love is the love that no changes can sever;
Thy breath is our health, and thy treasures our wealth,
And thy brave hearts our kindred for aye and for ever.
Then up we'll stand for Fatherland
    And England't might and beauty;
For home and Queen, till foremost seen
    True patriots strong of love and duty.
        Bonnie auld Scotland, &c.

WEE WILLIE WINKIE.

III.

Onything but sleep, you rogue, glow'rin' like the moon,
Rattlin' in an airn jug wi' an airn spoon;
Rumblin', tumblin' round about, crawin' like a cock,
Skirlin' like I kenna what, wauknin' sleepin' folk.

IV.

Hey Willie Winkie! the wean's in a creel,
Wamblin' aff a body's knee like a very eel ;
Ruggin' at the cat's lug, rav'lin' a' her thrums·
Hey Willie Winkie! see, there he comes.

V.

Wearied is the mither that has a stoorie wean,
A wee stumpy stousy that canna rin his lane ;
That has a battle aye wi' sleep before he'll close an e'e.
But a kiss frae aff his rosy lips gi'es strength anew to me

SWEET HEATHER BELL.

3. The chieftain, arrayed in the garb of the mountain,
His bold, graceful bearing his nation will tell;
And the land of his grandsires, the birthplace of heroes,
Gave life to my Flora, the sweet heather bell.
          Sweet heather bell, &c.

4. Sing on ye sweet birds of the lake and the mountain,
And bloom ye fair flowers of the woodland and dell;
Aboon a' your charms is my heart's moving fountain,
My ain dearest Flora, the sweet heather bell.
          Sweet heather bell, &c.

AULD ROBIN THE LAIRD.

III.

'Noo it seemeth but just an' richt proper to me
That ye milk your ain cow 'neath your ain fig tree;
That a servant sae thrifty a guid wife will mak',
It's as clear as daylicht, sae a man ye maun tak',
Wha will haud ye as dear as the licht o' his e'e.'
'Very weel, sir,' quo' Tibby, 'sae let it be.'

IV.

'The pearl may be pure, Tib, though rough be the shell,
Sae I'm determined to wed ye mysel',
An' a' that a lovin' an' leal heart can grant
O' this warld's wealth, lass, troth ye shall nae want;
Sae a kiss to the bargain ye maun gie to me.'
'Very weel, sir,' quo' Tibby, 'sae let it be.'

V.

The weddin' day cam' wi' bridecake and bans,
Fand Tib i' the kitchen 'mang tubs, pats, and pans.
'Bless me,' quo' the laird, 'what on earth hauds you here?
Our frien's are a' met in their braw bridal gear;
Ye maun busk in your best, lass, and that speedily.'
'Very weel, sir,' quo' Tibby, 'sae let it be.'

VI.

When the blessin' was said an' the feastin' was done,
Tib crap to her bed i' the garret aboon,
When she heard the laird's fit an' his tap at her door,
She wondered—she ne'er took sic freedoms before;
'Come Tibby, my lass, ye maun listen to me.'
'Very weel, sir,' quo' Tibby, 'sae let it be.'

VII.

'Noo Tibby, ye ken we were wedded this nicht,
An' that ye should be here hauth I think is no richt;
It canna be richt, for when women an' men
Are wedded, they ought to be bedded, ye ken;
Sae come doon the stair, Tib, an' e'en sleep wi' me.'
'Very weel, sir,' quo' Tibby, 'sae let it be.'

O YE NEEDNA BE COURTIN' AT ME, AULD MAN.

III.

O stan' aff na' and fash me nae mair, auld man,
Stand aff na' and fash me nae mair;
There's a something in love that your gowd canna move,
I'll be Johnnie's although I gang bare, auld man.
I'll be Johnnie's although I gang bare.

O! HUSH THEE, MY BABY.

sleep on till day, O! rest thee, babe, rest thee, babe, sleep while you may.

III.

O! rest thee, my darling, the time soon will come
When thy sleep shall be broken by trumpet and drum;
Then rest thee, my darling, oh! sleep while you may,
For strife comes with manhood, as light comes with day.

    O! rest thee babe, rest thee, &c.

3.

Bridal maidens are braw, braw,
Bridal maidens are braw, braw,
But the bride's modest e'e
An' warm cheek are to me
'Boon pearlins and brooches an' a', an' a'
'Boon pearlins and brooches an' a'.

4.

There's mirth on the green in the ha', the ha',
There's mirth on the green in the ha', the ha',
There's laughing, there's quaffing,
There's jesting, there's daffing,
And the bride's father's blythest of a', of a',
And the bride's father's blythest of a'.

5.

It's no that she's Jamie's ava, ava,
It's no that she's Jamie's ava, ava,
That my heart is sae eerie
When a' the lave's cheerie,
But it's just that she'll aye be awa', awa',
But it's just that she'll aye be awa'.

KATE DA'RYMPLE.

mu - sic ex - cep - tin' the clear bur-nie's wim - ple Was heard round the dwel - ling o' Kate Da'- rym - ple.
mony a cor - ne - lian and cairn - gor-um pim - ple Did shine on the din face o' Kate Da'- rym - ple.

III.

She span tarry woo' the hale winter thro',
For Kate ne'er was lazy but eident and thrifty;
She wrought mang the peats, coil'd the hay, shore the corn,
And supported hersel' by her ain hard shift aye.
But ne'er a lover cam' to Kate Da'rymple
For beauty and tocher wanted Kate Da'rymple,
Unheeded was the quean by baith gentle and simple,
A blank in existence seem'd Kate Da'rymple.

IV.

But mony are the ups and downs in life,
When the dice-box of fate's jumbled tapsalteerie;
Sae Kate fell heiress to a rich frien's estate,
An' nae langer for lovers had she cause to weary.
The Squire cam' a wooin' soon o' Kate Da'rymple,
The Priest, scrapin', bowin', fan' out Kate Da'rymple,
An' on ilka wooer's face was seen love's smilin' dimple,
Sae now she's nae langer Kate—but Miss Da'rymple.

V.

Her auld cutty-stool that she used at her wheel
Is flung by for the saft gilded sofa sae gaudy;
An' now she's arranged in her silks and brocade,
An' can brank now for ruffs and muffs wi' ony lady.
But still an unco fash to Kate Da'rymple
Was dress and party clash aye to Kate Da'rymple,
She thought a half marrow bred in line mair simple
Wad be a far fitter match for Kate Da'rymple.

VI

She oftentimes thought when she dwelt by hersel',
She could wed Willie Speedyspool, the sarkin weaver;
An' now unto Will she the secret did tell,
Wha for love or for int'rest did kindly receive her.
He flang by his heddles soon for Kate Da'rymple,
He brunt a' his treadles down for Kate Da'rymple,
Tho' his right e'e doth skellie, and his left leg doth limp ill,
He's won the heart and got the hand o' Kate Da'rymple.

THE BATTLE OF BANNOCKBURN.

3. How dreadful the shock of the mass,
   Whilst cavalry charg'd on the squares!
   How delug'd that fatal morass
   As they fell in the pits and the snares!
   Great praise noble army to thee
   That crush'd by that river's fair banks

For Scotland, the land of the free,
The strength of the enemy's ranks;
The bright sky of June was smiling above,
How great was the truce, and how noble the Bruce,
How great was the truce, and how kingly the Bruce,
When they triumph'd for country, for freedom and love.

BLUE BONNETS OVER THE BORDER.

Words by Sir WALTER SCOTT. Arranged by T. S. GLEADHILL.

BLUE BONNETS OVER THE BORDER.

1. Ma-ny a ban-ner spread flut-ters a-bove your head, Ma-ny a crest that is fam-ous in sto-ry,
2. Come from the hills where your hir-sels are graz-ing, Come from the glen of the buck and the roe.
3. Mount and make ready then, sons of the moun-tain glen; Fight for your king and the old Scottish glo-ry.
   Come to the crag where the bea-con is blaz-ing, Come with the buck-ler, the lance, and the bow.

III.

Trumpets are sounding, war-steeds are bounding,
Stand to your arms and march in good order,
England shall many a day tell of the bloody fray,
When the blue bonnets came over the border.
March, march, &c.

III.

O wha is't that pits my puir heart in a flutter?
 And what gars the tears come sae fast to my e'e?
If I was nae citled to be ony better,
 Then what gars me wish ony better to be?
I'm just like a lammie that loses its mither;
 Nae mither nor friend the puir lammie can see
I fear I hae tint my bit heart a'thegither;
 Nae wonder the tear fa's sae fast frae my e'e.

IV.

Wi' the rest o' my claes I hae row'd up the ribbon,
 The bonnie blue ribbon that Jamie gae me:
Yestreen when he gae me't, and saw I was sabbin',
 I'll never forget the wae blink o' his e'e.
Though now he said naething but 'Fare ye weel, Lucy,'
 It made me I neither could speak, hear, nor see
He could na say mair, but just "Fare ye weel, Lucy,"
 Yet that I will mind till the day that I dee.

V

The lamb likes the gowan wi' dew when it's drookit,
 The hare likes the brake and the braird on the lea;
But Lucy likes Jamie—she turn'd and she lookit,
 She thought the dear place she wad never mair see.
Ah! weel may young Jamie gang dowie and cheerless;
 Ah! weel may he greet on the bank o' the burn;
His bonnie sweet Lucy, sae gentle and peerless,
 Lies cauld in her grave, and will never return.

DUNCAN GRAY.

III.

Time and chance are but a tide,
    Ha, ha, the wooin' o't,
Slighted love is sair to bide,
    Ha, ha, the wooin' o't.
Shall I like a fool, quo' he,
For a haughty hizzie dee?
She mae gae to—France for me,
    Ha, ha, the wooin' o't.

IV.

How it comes let doctors tell,
    Ha, ha, the wooin' o't,
Meg grew sick as he grew well,
    Ha, ha, the wooin' o't.
Something in her bosom wrings,
For relief a sigh she brings,
And oh her een they spak sic' things,
    Ha, ha, the wooin' o't.

V.

Duncan was a lad o' grace,
    Ha, ha, the wooin' o't,
Maggie's was a piteous case,
    Ha, ha, the wooin' o't.
Duncan couldna be her death,
Swelling pity smoor'd his wrath,
Now they're crouse and cantie baith,
    Ha, ha, the wooin' o't.

ROBIN ADAIR.

Oh! they've all fled with thee, Ro - bin A - dair.
Oh! it was part - ing with Ro - bin A - dair.

III.

'Toot, toot,' quo' the gray-headed faither,
    'She's less o' a bride than a bairn;
She's ta'en like a cowt frae the heather,
    Wi' sense and discretion to learn.
Half husband, I trow, and half daddy,
    As humour inconstantly leans,
A chiel maun be constant and steady
    That yokes wi' a mate in her teens.'
        'Kerchief to cover sae neat
            Locks the wind used to blaw;
        I'm baith like to laugh and to greet
            When I think o' her married at a'.

IV.

Then out spak' the wily bridegroom,
    Weel waled were his wordies I wean,
'I'm rich, though my coffer be toom,
    Wi' the blinks o' your bonnie blue e'en
I'm prouder o' thee by my side,
    Though thy ruffles or ribbons be few,
Than if Kate o' the Croft were my bride,
    Wi' purples and pearlings anew.'
        Dear and dearest o' ony,
            Ye're woo'd and bookit an' a',
        And do you think scorn o' your Johnnie,
            And grieve to be married at a'?

V.

She turn'd and she blush'd and she smil'd,
    And she lookit sae bashfully down;
The pride o' her heart was beguil'd,
    And she play'd wi' the sleeve o' her gown;
She twirl'd the tag o' her lace,
    And she nippit her boddice sae blue;
Syne blinkit sae sweet in his face,
    And aff like a maukin she flew!
        Woo'd and married an' a',
            Married and carried awa',
        She thinks hersel' very weel aff,
            To be woo'd and married an' a'.

THE BROOM O' THE COWDENKNOWES.

III.
He tun'd his pipe and reed sae sweet,
  The birds stood list'ning by;
Even the dull cattle stood and graz'd,
  Charm'd wi' his melody.
    O the broom, &c.

IV.
While thus we spent our time by turns,
  Betwixt our flocks and play,
I envied not the fairest dame,
  Though e'er so rich and gay.
    O the broom, &c.

V.
Hard fate that I should banish'd be,
  Gang heavily and mourn,
Because I lov'd the kindest swain
  That ever yet was born.
    O the broom, &c.

VI.
My doggie and my little kit
  That held my wee sup whey,
My plaidie, brooch, and crooked stick,
  Maun now lie useless by.
    O the broom, &c.

VII.
Adieu, ye Cowdenknowes, adieu!
  Fareweel a' pleasures there,
Ye gods restore me to my swain,
  It's a' I crave or care.
    O the broom, &c.

I'LL HAE MY COAT.

III.

MEG. Think laird a wee, and look about,
Your gear's a' thrivin' in and out,
I'm wae to see you courtin' dule,
Wha kens but this same quean's a fool.
LAIRD. Aye! aye! your drift's no ill to tell,
Ye fain wad hae me, Meg, yoursel',
But sure as Blutterbog's my name,
I'll court the lass and bring her hame.

HOOLY AND FAIRLY.

III.

To fairs and to bridals and preachings and a'
She gangs sae light-headed and buskit sae braw ;
It's ribbons and mantuas that gar me gae barely ;
O gin my wife would spend hooly and fairly
    Hooly and fairly, &c.

IV.

I' the kirk sic commotion last Sabbath she made,
Wi' babs o' red roses and breast knots o'erlaid ;
The dominie stickit the psalm very nearly ;
O gin my wife could dress hooly and fairly.
    Hooly and fairly, &c.

V.

She's warring and flyting frae morning till e'en,
And if I gainsay her her e'e glowr's sae keen ;
Then tongue, neive, and cudgel she'll lay on me sairly ;
O gin my wife wad strike hooly and fairly.
    Hooly and fairly, &c.

VI.

When tired o' her cantrips she lies in her bed,
The wark a' negleckit, the house ill up-red,
While a' our gude neighbours are stirring right early ;
O gin my wife wad wark timely and fairly.
    Timely and fairly, &c.

VII.

A word o' guid counsel or grace she'll hear none,
She beardies the elders, and mocks at Mess John,
And back in his teeth his ain text she flings safely ;
O gin my wife wad speak hooly and fairly.
    Hooly and fairly, &c.

VIII.

I wish I were single, I wish I were freed,
I wish I were doited, I wish I were dead ;
Or she in the mools to dement me nae mairly,
What dost avail to cry 'Hooly and fairly,
    Hooly and fairly, hooly and fairly,
    Wasting my breath to cry 'Hooly and fairly.

CA' THE EWES TO THE KNOWES.

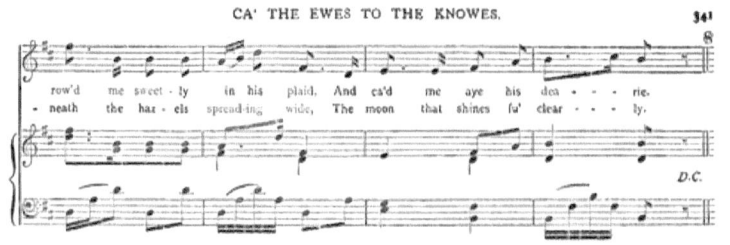

III.

If ye'll but stand to what ye've said,
I'se gang wi' you, my shepherd lad;
And ye may row me in your plaid,
And I shall be your dearie.
Ca' the ewes, &c.

IV.

While waters wimple to the sea,
While day blinks in the lift sae hie;
Till clay cauld death shall blin' my e'e,
Ye aye shall be my dearie.
Ca' the ewes, &c.

THE LAWLAND LADS.

Words by ALLAN RAMS
Music by Dr. ARNE.
Arranged by T. S. GLEADHILL.

1. The Law-land lads think they are fine, But O they're vain and id-ly gau-dy; How much un-like the grace-fu' mien, And man-ly looks of my High-land lad-die.
2. If I were free at will to choose, To be the weal-thiest Law-land la-dy; I'd tak' young Don-ald wi' the trews, Wi' bon-net blue and bel-ted plai-die.

O my bon-nie High-land lad-die, My hand-some, charm-ing High-land laddie! May

THE LAWLAND LADS.

heav'n still guard and love re-ward Our Law-land lass and her High-land lad-die.

III.

The brawest beau in burrows town,
  In a' his airs wi' art made ready,
Compar'd to him, he's but a clown,
  He's finer far in's tartan plaidie.
    O my bonnie, &c.

IV.

O'er benty hill wi him I'll run,
  And leave my Lawland kin and daddy;
Frae winter's cauld, and summer's sun,
  He'll screen me wi' his Highland plaidie.
    O my bonnie, &c.

V.

A painted room, a silken bed,
  May please a Lawland laird and leddy,
But I can kiss and be as glad,
  Behind a bush in's Highland plaidie.
    O my bonnie, &c.

VI.

Few compliments between us pass,
  I ca' him my dear Highland laddie,
And he ca's me his Lawland lass,
  Syne rows me in aneath his plaidie.
    O my bonnie, &c.

VII.

Nae greater joy I'll e'er pretend
  Than that his love prove true and steady,
Like mine to him which ne'er shall end
  While Heaven preserves my Highland laddie.
    O my bonnie, &c.

THE BANKS OF THE DEE.

III.

But time and my pray'rs may perhaps yet restore him,
Blest peace may restore my dear shepherd to me;
And when he returns, with such care I'll watch o'er him,
He never shall leave the sweet banks of the Dee.
The Dee then shall flow, all its beauties displaying,
The lambs on its banks shall again be seen playing;
While I with my Jamie am carelessly straying,
And tasting again all the sweets of the Dee.

ON THE SEAS AND FAR AWAY.

Words by ROBERT BURNS. Arranged by T. S. GLEADHILL.

1. O how can my poor heart be glad, When parted from my sailor lad, Or how can I the thought forego, He's on the seas to meet the foe.
2. At the starless midnight hour, When winter rules with boundless pow'r, As the storms the forest tear, And thunders rend the howling air.

Wher-e'er he wander, stray, or rove, Still, still my heart is with my love, My
List-'ning to the doubling roar Surging on the rocky shore, . . .

ON THE SEAS AND FAR AWAY.

III.

Peace thy olive wand extend,
And bid wild war his ravage end;
Man with brother man to meet,
And as a brother kindly greet:
Then may Heav'n with prosp'rous gales
Fill my sailor's welcome sails;
To my arms their charge convey,
My dear lad that's far away.
    On the seas, &c.

WELCOME ROYAL CHARLIE.

III.

From a' the wilds o' Caledon
We'll gather every hardy son,
Till thousands to his standard run
　　And rally round Prince Charlie.
Come let the flowing quech go round,
And boldly bid the pibroch sound,
Till every glen and rock resound
　　The name o' Royal Charlie.
　　　　An' O but ye've been lang, &c.

III.

There's threesome reels, there's foursome reels,
There's hornpipes and strathspeys, man,
But the ae best dance e'er cam' to the land
Was 'the deil's awa wi' th' exciseman.'
  The deil's awa, &c.

THE BRAES O' BALLOCHMYLE

HAUD AWA', BIDE AWA'.

1. I wad-na leave my Law-land lad, For a' your gowd and gear, Don-ald, Sae tak your plaid and o'er the hill, And stay nae lan-ger here, Don-ald.
2. My Ja-mie is a gal-lant youth, I loe but him a-lane, Don-ald, And in bon-nie Scot-land's Isle, Like him there is nane, Don-ald.

III.

He wears nae plaid nor tartan hose,
    Nor garters at his knee, Donald;
But O he wears a faithfu' heart,
    And love blinks in his e'e, Donald.
Sae haud awa', bide awa',
    Come nae mair at e'en, Donald;
I wadna break my Jamie's heart,
    To be a Highland queen, Donald.

HIELAND LADDIE.

For the lad that wears the trews, Bon - nie lad - die, Hie - land lad - die.
Char - lie will be King at last, Bon - nie lad - die, Hie - land lad - die.

III.

Time and tide come round to a',
  Bonnie laddie, Hieland laddie;
And upstart pride will get a fa',
  Bonnie laddie, Hieland laddie;
Keep up your heart, for Charlie fight,
  Bonnie laddie, Hieland laddie;
Come what may, ye've done what's right,
  Bonnie laddie, Hieland laddie.

III.

There's gowd in your garters, Marion,
  And silk in your white hause-bane;
Fu' fain wad I kiss my Marion,
  At e'en, when I come hame.

IV.

There's braw lads in Earnslaw, Marion,
  Wha gape and glow'r wi' their e'e,
At kirk when they see my Marion;
  But nane o' them loes like me.

V.

I've nine milk-ewes, my Marion,
  A cow and a brawny quey;
I'll gie them all to my Marion,
  Just on her bridal day.

VI.

And ye'se get a green sey apron,
  And waistcoat o' the London brown;
And vow, but ye will be vap'rin
  Whene'er ye gang to the town.

VII.

I'm young and stout, my Marion,
  Nane dances like me on the green
And gin ye forsake me, Marion,
  I'll e'en gae draw up wi' Jean.

VIII.

Sae put on your pearlins, Marion,
  And kyrtle o' the cramasie;
And soon as the sun's down, my Marion,
  I shall come west and see ye

WEEL MAY THE KEEL ROW.

III.

He wears a blue bonnet,
Blue bonnet, blue bonnet,
He wears a blue bonnet,
 A dimple in his chin.
As I cam' thro' Sandgate,
Thro' Sandgate, thro' Sandgate,
As I cam' thro' Sandgate,
 I heard a lassie sing:
  Weel may the keel row, &c.

YE CANNA MARRY ME.

Air by James Watson, Esq.
Arranged by T. S. Gleadhill.

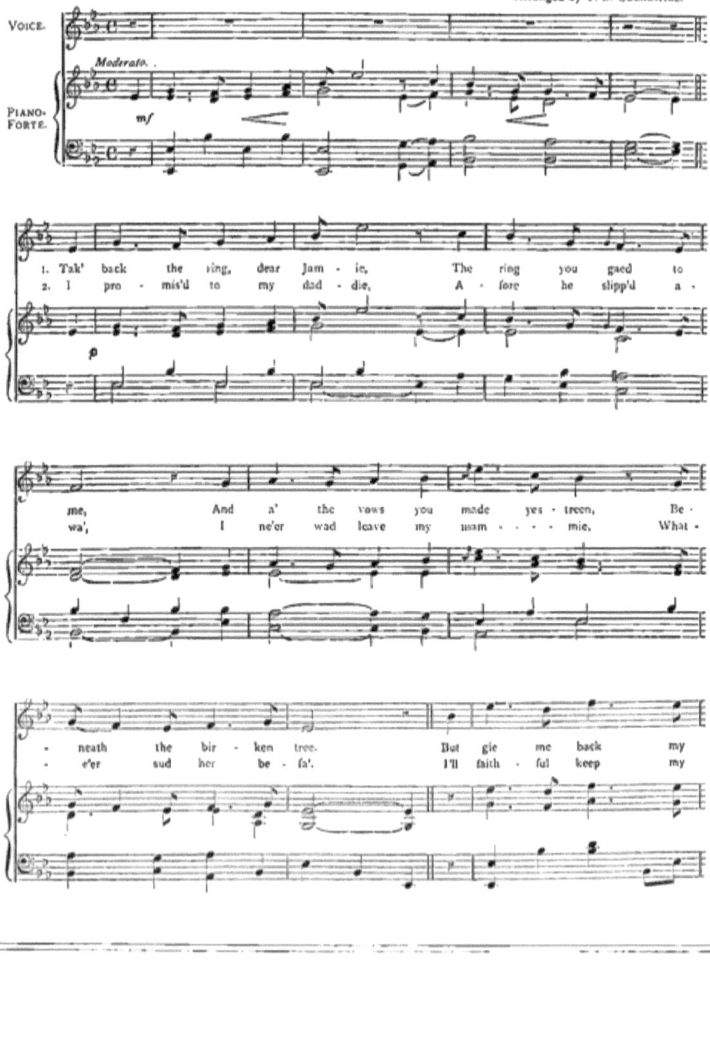
Voice.
Moderato.
Piano-Forte.
mf
p
1. Tak' back the ring, dear Jam - ie, The ring you gaed to me, And a' the vows you made yes - treen, Be - neath the bir - ken tree. But gie me back my
2. I pro - mis'd to my dad - die, A - fore he slipp'd a - wa', I ne'er wad leave my mam - - - - mie, What - e'er sud her be - fa'. I'll faith - ful keep my

III.

I canna leave my mammie,
  She's been sae kind to me,
Sin e'er I was a bairnie,
  A wee thing on her knee ;
Nae mair she'll kaim my gowden hair,
  Nor busk me snood and braw ;
She's auld and frail, her e'en are dim,
  An' sune will close on a'.

IV.

I maunna leave my mammie,
  Her journey is nae lang,
Her head is bending to the mools,
  Where it mun shortly gang ;
Were I an heiress o' a crown,
  I'd a' its honours tine,
To watch her steps in helpless age,
  As she in youth watch'd mine.

LOCK THE DOOR, LARISTON.

high on the wea-ther gleam, See how the Sax-on plumes bob on the sky;
El-liott of La-ris-ton, Why does the joy-can-dle gleam in thine eye? Thou

Yeo-man and car-bin-eer, Bill-man and hal-ber-dier, Fierce is the fo-ray, and far is the cry.
bold bor-der ran-ger, be-ware of thy dan-ger, Thy foes are re-lent-less, de-ter-min'd and nigh.

III.

Jock Elliott raised up his steel bonnet and lookit,
His hand grasped the sword with a nervous embrace,
'Oh welcome brave foeman, on earth there are no men
More gallant to meet in the foray or chase ;
Little know you of the hearts I have hidden here,
Little know you of the moss-trooper's might ;
Linhope and Sorbie, true Sundhope and Milburn too,
Gentle in manners but lions in fight.

IV.

I have Mangerton, Ogilvie, Raeburn, and Netherbie,
Old Sim of Whittram, and all his array ;
Come all Northumberland, Teesdale, and Cumberland,
Here at the Breaken tow'r end the affray.'
Scowled the broad sun o'er the links o' green Liddesdale,
Red as the beacon light tipt he the wold,
Many a bold martial eye, mirror'd that morning sky,
Never more oped on his orbit of gold.

V.

Shrill was the bugle's note, dreadful the warrior's shout,
Lances and halberts in splinters were borne ;
Helmet and hauberk then braved the claymore in vain,
Buckler and armlet in shivers were shorn.
See how they wane, the proud file of the Windermere,
Howard ah ! woe to thy hopes of the day,
Hear the rude welkin rend, while the Scots' shouts ascend,
'Elliott of Lariston, Elliott for aye.'

AFTON WATER.

Words by ROBERT BURNS. Composed and Arranged by T. S. GLEADHILL.

AFTON WATER.

III.

Thy crystal stream, Afton, how lovely it glides,
And winds by the cot where my Mary resides,
How wanton thy waters her snowy feet lave,
As gath'ring sweet flow'rets she stems thy clear wave.
How gently, sweet Afton, among thy green braes,
How gently, sweet river, the theme of my lays;
My Mary's asleep by thy murmuring stream,
Flow gently, sweet Afton, disturb not her dream.

THE ROWAN TREE

III.

We sat aneath thy spreading shade, the bairnies round thee ran,
They pu'd thy bonnie berries red, and necklaces they strang;
My mither, oh! I see her still, she smiled our sports to see,
Wi' little Jeanie on her lap, and Jamie at her knee.
           O rowan tree!

IV.

Oh! there arose my father's prayer, in holy evening's calm,
How sweet was then my mither's voice in the martyr's psalm!
Now a' are gane! we meet nae mair aneath the rowan tree,
But hallowed thoughts around thee turn o' hame and infancy.
           O rowan tree!

MEET ME ON THE GOWAN LEA.

MEET ME ON THE GOWAN LEA.

III.

We'll join our love-notes to the breeze,
That sighs in whispers through the trees,
And a' that twa fond hearts can please
Will be our sang, dear Mary.
Meet me, &c.

IV.

There shall ye sing the sun to rest,
While to my faithful bosom prest,
Then wha sae happy, wha sae blest,
As me and my dear Mary.
Meet me, &c.

WHERE THE HIGHLAND TARTANS WAVE.

III.

'Mongst the bonnie fern-clad braes
Peerless maidens, fair and youthful,
Free and guileless, spend their days,
Artless, winning, kind, and truthful.
Some, for sake of wealth and fame,
O'er the ocean gang a roamin';
'Mongst the heath I'll find a hame,
There I'll live until life's gloamin'.
    Where the Highland tartans, &c.

OUR AIN AULD HAME.

III.

In the lang winter nights, when the frosts and the snaw
　　Close around the fireside compelled us to draw ;
Wi' mony a sang and joke o' the days that were gane,
　　We spent the happy nights round our ain hearthstane.
But now thae days are gane, and we'll never see them mair,
　　While fine the bairn we're grown up, the lot o' man to share ;
But wherever we wander we'll aye be the same,
　　And keep a warm heart to our ain auld hame.
　　　　　　　Our ain auld hame, &c.

I WINNA GANG BACK TO MY MAMMY AGAIN.

III.

He ca'd me his dawtie, his dearie, his doo,
An' pressed hame his words wi' a smack o' my mou';
While I fell on his bosom, heart flichtered an' fain,
An' sighed out "O Johnnie, I'll aye be your ain."
  While I fell on his bosom, &c.

IV.

Some lasses will talk to the lads wi' their e'e,
Yet hanker to tell what their hearts really dree;
Wi' Johnnie I stood upon nae steppin'-stane,
Sae I'll never gang back to my mammy again.
  Wi' Johnnie I stood, &c.

V.

For many lang years sin' I played on the lea,
My mammy was kind as a mither could be;
I've held by her apron these aught years an' ten,
But I'll never gang back to my mammy again.
  I've held by her apron, &c.

THE BOWLING BRAES.

III.

The Bowling braes, the **Bowling braes,**
Stern Winter scarce **has power to harm,**
But decked in Summer's sunny **blaze,**
Oh! then they have a double charm:
Their woody sides 'mid zephyrs swing,
Each hill its sylvan love displays;
And there the sweetest minstrels sing,
Among the bonnie Bowling braes.
    The Bowling braes, &c.

FAREWELL TO THE LAND.

THE SLOGAN OF FREEDOM.

III.

Clear and loud pealed the sound o'er heath, valley, and wold,
  An' our border lads raise like their grandsires of old,
When ilka peel turrit its beacon light bore,
  They changed their herds' crook for the spear or claymore ;
Naught dismayed them, or stayed them, or daunted them, when
  The proud slogan o' freedom rang through our auld glen.

IV.

Though my father looked stern, I kent weel he was sad,
  An' my mither grat sair for her ne'er-do-weel lad ;
An' thro' the dim tears of my Peggy's blue e'en
  The light o' her heart-love could hardly be seen :
I fand nae misgiein', nae heart sinkin', when
  The proud slogan o' freedom rang through our auld glen

V.

Nor yet will I yield, tho' the path to renown,
  An' the wreath of distinction, an' victory's crown
Has been bloody and lang, and may bloodier be
  Ere another day's dawn on the hill-taps we see :
I will fight for my country as cheerfu' as when
  The proud slogan o' freedom rang through our auld glen.

THE COURTIN' TIME.

cour - tin' at e'en, As the hours when the lads come a court - in' at e'en.
cour - tin' at e'en, And the dew brings the lads who come court - in' at e'en.

III.

When men-folk are crackin' o' ousen and lands,
And the kimmers at spinnin' are tryin' their hands,
I see at the window the face o' a frien',
An' I ken that my joe's come a courtin' at e'en,
A courtin' at e'en, come a courtin' at e'en,
An' I ken that my joe's come a courtin' at e'en.

MY BONNIE DARK-EYED DEARIE.

III.

Young Maggie wears nae pridefu' air,
　Nor heart that's fause and hollow ;
Her modest ways and virtues rare,
　A' ither maids might follow.
Wi' such a jewel for a wife,
　Nae man could ever weary :
She'll cheer me through the vale of life,
　My bonnie dark-eyed dearie.
　　For Maggie's artless, &c.

THE STANDARD ON THE BRAES O' MAR.

Words by A. Laing. Arranged from old air, by T. S. Gleadhill.

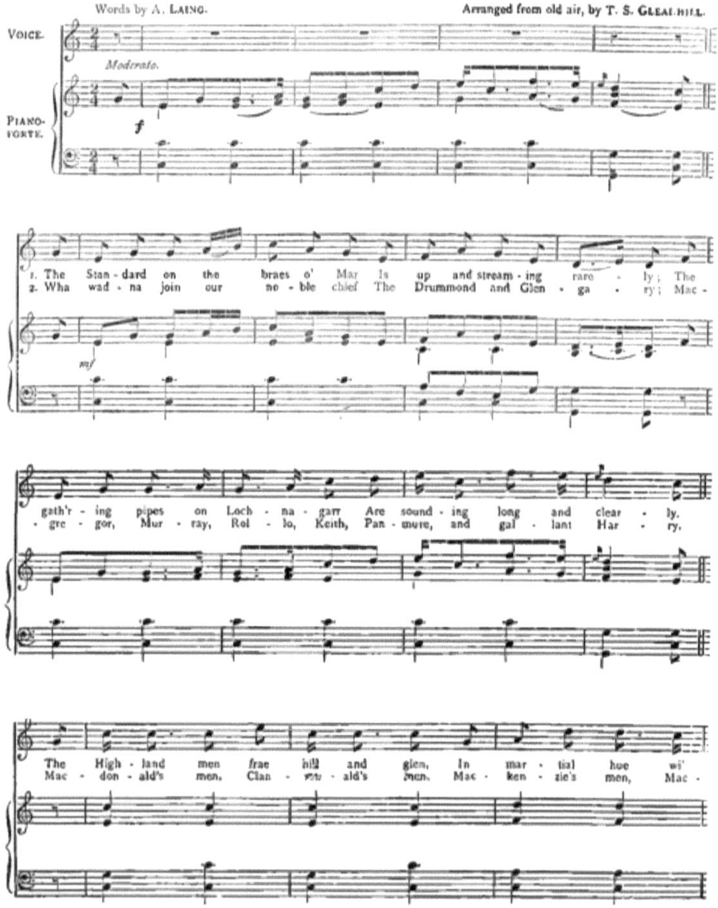
Voice.
Moderato.
Pianoforte.
f
mf
1. The Stan - dard on the braes o' Mar Is up and stream - ing rare - ly; The
2. Wha wad - na join our no - ble chief The Drummond and Glen - ga - ry; Mac -
gath'r - ing pipes on Loch - na - garr Are sound - ing long and clear - ly.
- gre - gor, Mur - ray, Rol - lo, Keith, Pan - mure, and gal - lant Har - ry.
The High - land men frae hill and glen, In mar - tial hue wi'
Mac - don - ald's men, Clan - ran - ald's men, Mac - ken - zie's men, Mac -

THE STANDARD ON THE BRAES O' MAR.

bon-nets blue, Wi' belt-ed plaids and bur-nish'd blades, Are com-in' late and
-gil-vray's men, Strath-al-lan's men, the low-land men Of Cal-lan-der and

ear-ly.
Air-ly.

III.

Fy, Donald, up, and let's awa',
  We canna langer parley;
When Jamie's back is at the wa',
  The lad we lo'e sae dearly.
We'll go, we'll go, and meet the foe,
  And fling the plaid, and swing the blade;
And forward dash, and hack, and smash,
  And fley the German carlie.

III.

Fair is the morn in flowery May,
And sweet is night in Autumn mild,
When roving thro' the garden gay,
Or wand'ring in a lonely wild ;
But woman, Nature's darling child !
There all her charms she does compile ;
Ev'n there her other works are foiled
By the bonnie lass o' Ballochmyle.

IV.

O, had she been a country maid,
And I the happy country swain,
Tho' sheltered in the lowest shed
That ever rose in Scotland's plain !
Thro' weary winter's wind and rain,
With joy, with rapture, I would toil ;
And nightly to my bosom strain
The bonnie lass o' Ballochmyle.

V.

Then pride might climb the slippery steep,
Where fame and honours lofty shine ;
And thirst of gold might tempt the deep,
Or downward seek the Indian mine ;
Give me the cot below the pine,
To tend the flocks or till the soil,
And every day have joys divine
With the bonnie lass o' Ballochmyle.

RAB RORYSON'S BONNET.

Words by ROBERT TANNAHILL. Arranged by T. S. GLEADHILL.

RAB RORYSON'S BONNET.

1. This bonnet that theekit his won-der-fu' head, Was his shel-ter in winter, in simmer his shade; And at
2. Wi' a round ro-sy tap like a mac-kle black boyd, It was slouch'd just a kenning on ith-er hand side; Some main-

kirk, or at mar-ket, or bri-dals, I ween, A braw gawcier bon-net there ne-ver was seen.
-tain'd it was black, some maintain'd it was blue, It had something o' baith, as a bo-dy may trow.

III.

But, in sooth, I assure you, for aught that I saw,
Still his bonnet had naething uncommon ava';
Though the whole parish talked o' Rab Roryson's bonnet,
'Twas a' for the marvellous head that was in it.
    Ye'll a' hae heard tell, &c.

IV.

That head, let it rest, it is now in the mools,
Though in life a' the warld beside it were fools;
Yet o' what kind o' wisdom his head was possessed,
Nane e'er kenn'd but himsel', sae there's nane that will miss't.
    Ye'll a' hae heard tell, &c.

V.

But there's some still in life wha eternally blame,
Wha on *duft* and on *ifs* rear their fabric o' fame;
To all such I inscribe this most beautiful sonnet,
To crown them the heirs o' Rab Roryson's bonnet.
    Ye'll a' hae heard tell, &c.

NAEBODY KENS YE.

Words by ROBERT L. MALONE.

Music by SAMUEL BARR.
Arranged by T. S. GLEADHILL.

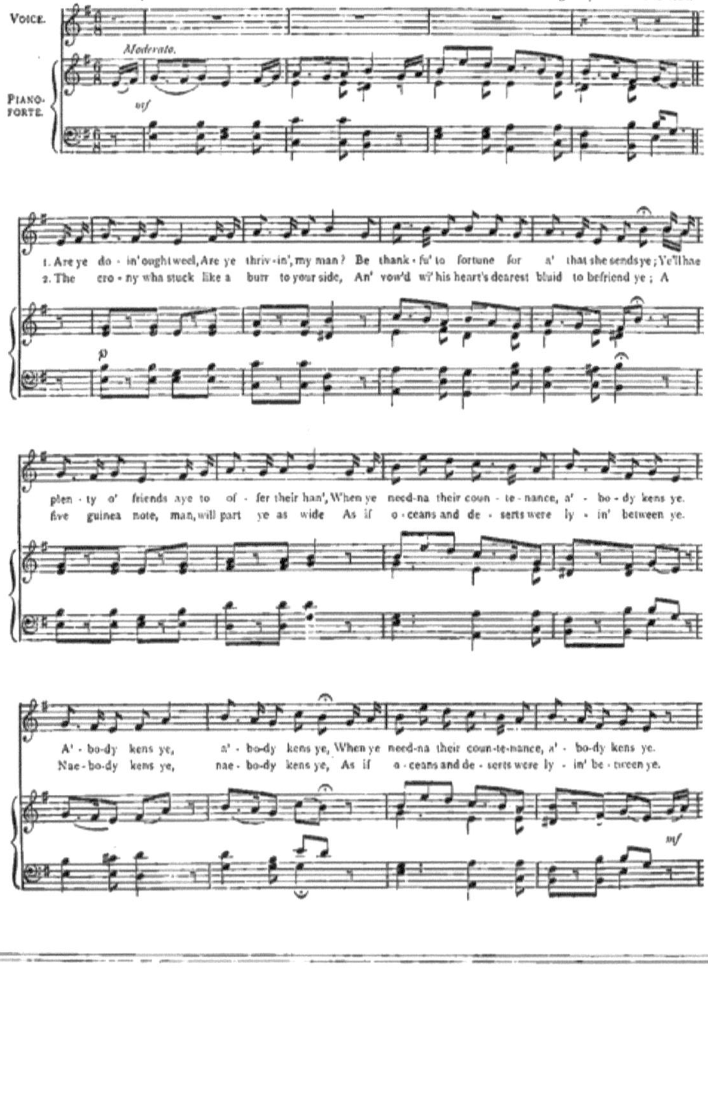
VOICE.
PIANO-FORTE.
Moderato.
mf
p
1. Are ye do - in' ought weel, Are ye thriv - in', my man? Be thank - fu' to fortune for a' that she sends ye; Ye'll hae
2. The cro - ny wha stuck like a burr to your side, An' vow'd wi' his heart's dearest bluid to befriend ye; A
plen - ty o' friends aye to of - fer their han', When ye need-na their coun - te - nance, a' - bo - dy kens ye.
five guinea note, man, will part ye as wide As if o - ceans and de - serts were ly - in' between ye.
A' - bo-dy kens ye, a' - bo-dy kens ye, When ye need-na their coun-te-nance, a' - bo-dy kens ye.
Nae - bo-dy kens ye, nae - bo-dy kens ye, As if o - ceans and de - serts were ly - in' be - tween ye.
mf

3 But think nae I mean that a' mankind are sae,
   It's the butterfly friends that misfortune should fear aye,
There are friends worth the name, Guid send they were mae,
   Wha, the caulder the blast, aye the closer draw near ye.
          They bodies ken ye, &c.

The friends wha can tell us our fauts to our face,
   But aye frae our faes in our absence defen' us ;
I eeze me on sic hearts ! o' life's pack he's the ace
   Wha scorns to disown us when naebody kens us.
          They bodies ken ye, &c.

BEHAVE YOURSEL' BEFORE FOLK.

-fore folk, Be-have your-sel' be-fore folk, What-e'er ye do when out o' view, Be
-fore folk, Be-have your-sel' be-fore folk, Nor gie the tongue o' auld or young Oc-

cau-tious aye be-fore folk.
ca-sion to come o'er folk.

III.
It's no through hatred o' a kiss,
That I sae plainly tell ye this;
But losh, I take it sair amiss
  To be sae teased before folk.
    Behave yoursel' before folk,
    Behave yoursel' before folk;
When we're our lane ye may tak ane,
  But feint a ane before folk.

IV.
I'm sure wi' you I've been as free
As ony modest lass should be;
But yet it doesna do to see
  Sic freedom used before folk.
    Behave yoursel' before folk,
    Behave yoursel' before folk;
I'll ne'er submit again to it,
  Sae mind ye that—before folk.

V.
Ye tell me that my face is fair;
It may be sae—I dinna care;
But ne'er again gar't blush sae sair
  As ye hae done before folk.
    Behave yoursel' before folk,
    Behave yoursel' before folk,
Nor heat my cheeks wi' your mad freaks,
  But aye be douce before folk.

VI.
Ye tell me that my lips are sweet,
Sic tales, I doubt, are a' deceit;
At ony rate it's hardly meet
  To pree their sweets before folk.
    Behave yoursel' before folk,
    Behave yoursel' before folk;
Gin that's the case, there's time and place,
  But surely no before folk.

VII.
But gin ye really do insist
That I should suffer to be kissed,
Gae, get a license frae the priest,
  And mak me yours before folk.
    Behave yoursel' before folk,
    Behave yoursel' before folk;
And when we're ane, baith flesh and bane
  Ye may tak ten before folk.

WHEN YOU AND I WERE YOUNG, MAGGIE

III.

They say that I am feeble with age, Maggie,
My steps are less sprightly than then,
My face is a well-written page, Maggie,
But time alone was the pen.
They say we are aged and gray, Maggie,
As sprays by the white breakers flung,
But to me you're as fair as you were, Maggie,
When you and I were young.

GLOSSARY.

THE *ch* and *gh* have always the guttural sound. The sound of the English diphthong *oo* is commonly spelled *ou*. The French *u*, a sound which often occurs in the Scottish language, is marked *oo*, or *ui*. The *a* in genuine Scottish words, except when forming a diphthong, or followed by an *e* mute after a single consonant, sounds generally like the broad English *a* in *wall*. The Scottish diphthong *ae* always, and *ea* very often, sound like the French *e* masculine. The Scottish diphthong *ey* sounds like the Latin *ei*.

A.
ABEIGH, at a shy distance
Ahint, behind
Aiblins, perhaps
Airn, iron
Airt, direction
Ajee, ajar; to one side
Arlepenny, earnest money
Ase, ashes
Asklent, askance
Awmry, a small cupboard

B.
BAN, to curse mildly
Bandster, a binder of sheaves
Bang, to beat
Barley bree, ale or whiskey
Baudrons, a cat
Bauk, crossbeam
Bawbee, a halfpenny
Bawsand, having a white spot on the forehead
Ben, in
Best man, bridesman
Bicker, a wooden dish
Bide, to wait; endure
Bien, comfortable
Bigonet, a linen cap
Bike, a bee or wasp's nest
Bink, a bench; seat
Birk, birch tree
Birkie, a mettlesome fellow
Birl, to toss up
Birr, force; noise
Blaw, to blow; boast
Bletherin', talking idly
Blink, a smiling look
Bobbin', dancing
Bogie, bog
Bonnie, beautiful
Boortree, shrub elder
Brae, hillock
Brag, to boast
Brank, bright; lively
Brawlie, very well
Braw, fine; handsome
Breckans, ferns
Bree, liquor
Breeks, breeches

Brent, smooth
Brose, stirabout
Buckle to, get married
Bught, a penfold
Bughtin' time, time when the ewes are milked
Buskit, dressed
But-and-ben, kitchen and parlour

C.
CALLER, fresh
Camstairie, froward; perverse
Cannie, careful; gentle
Cantie, cheerful
Carle, an old man
Cauldrife, chilly; cold
Cheep, chirp
Chiel, fellow
Clachan, country village
Clag, to cover with mud
Clash, idle talk
Claymore, broadsword
Cleadin', clothing
Clishmaclaver, idle talk
Clockin', hatching
Coft, bought
Cogie, small wooden dish
Coof, simpleton
Couthie, loving; affable
Cosie, comfortable
Cowte, a colt
Cower, to creep together
Crack, to converse
Cramasie, crimson
Creel, a large basket
Creepie, a low stool
Croo, hovel
Croodle, to coo as a dove
Croon, a continuous moan
Crouse, brisk; lively, courageous
Crowdie, oatmeal and cold water
Curtsie, bending of the body
Cushat, wood pigeon
Custock, cabbage stalk
Cutty, short

D.
DADDIE, father
Daffin', merriment

Daft, foolish
Dang, overcame
Darn, to mend
Daunder, to walk slowly
Dawtie, term of endearment
Deave, to deafen
Deuk-dub, a pond for ducks
Doited, stupid
Dook, to plunge
Dool, mourning
Donard, stupid
Douce, quiet; sedate
Doughty, able
Dowf, melancholy; exhausted
Dowie, dull; spiritless
Draible, to spill
Dree, to bear
Dringin', singing in a slow manner
Droukit, wet
Drouth, thirst
Drumly, muddy
Dub, a puddle
Duds, clothes
Duddie, ragged
Dunts, lumps
Dykeside, an enclosure; wall

E.
EERIE, frighted, dreading spirits
Eild, old age
Ettle, to try

F.
FAIN, glad
Fashous, troublesome
Feckless, weak
Fee, to hire
Fen', to keep off
Ferlie, wonder
Fidgin fain, very desirous
Flat, scolded
Fleg, a fright
Fleechin', fawning
Flittin', removal of furniture
Flyte, to scold
Forpit, a Scotch measure
Fou, drunk
Fraise, cajoling

G.
GABBIN', speaking pertly
Gar, to make
Gaucy, jolly
Gawky, foolish
Gear, riches; dress
Gee, sulks
Gilpie, half-grown
Gin, if
Girnin', grinning
Girr, hoop
Gizkit, foolish
Gleg, sharp; ready
Glent, gleam; flash
Glint, to peep; pass quickly
Glower, to stare
Glum, gloomy
Gowan, wild daisy
Gowd, gold
Gowk, a fool
Gowpins, large handfuls
Gravat, necktie
Gree, victory
Greet, to shed tears
Grip, to seize
Gruesome, loathsome
Gutcher, grandfather

H.
HADDEN, stocking of a farm
Haffet, the temple
Hallanshaker, term of reproach
Hansel, luck money
Hap, to cover
Happity, lame; hopping
Harn, very coarse linen
Haud, to hold
Hause-bane, throat bone
Hawket crummie, white cow
Heezin', elevating
Heddle, part of weaver's loom
Heigh, high
Heugh, a crag, or precipice
Hiltie-skiltie, in rapid succession
Hirplin', creeping
Hirsel, flock
Hizzie, a romping girl
Hool, husk, or shell

GLOSSARY

Hoddin gray, coarse woollen stuff
Hooly, slowly; take time
Howe, hollow; a plain
Howlet, an owl
Hurklin', crouching; drawing near
Hussyfskip, housekeeping

I.
ILKA, every
Ingle cheek, chimney corner

J.
JAG, to prick
Jaud, jade
Jaupit, bespattered
Jink, to turn quickly
Jo, lover
Jouk, to run in and out

K.
KAIL, broth
Kame, to comb
Kebbuck, cheese
Kecklin', cackling
Keek, to peep
Kent, knew
Kimmer, a gossip
Kirn, to churn
Kirtle, a short upper gown
Kist, chest
Knowe, a round hillock
Kurch, a linen cap
Kye, cows

L.
LAP, did leap
Laith, loth
Lauch, laugh
Lave, the rest
Laverock, the lark
Lea rig, grassy ridge
Leal, true
Lear, learning
Lee-lang, livelong
Leese me, expression of endearment
Leish, active; clever
Leugh, did laugh
Lilt, tune; to sing
Link, to trip along
Linn, a waterfall
Lintie, a linnet
Loanin', place of milking
Loof, palm of the hand
Loon, a fellow
Lootin', stooping
Lowe, a flame
Lowpin', leaping
Lug, the ear
Luggie, small hooped wooden dish
Lyart, silvery

M.
MAILIN, a farm
Maukin, a hare
Meddle, to make acquaintance
Merle, a blackbird
Mess John, a clergyman
Minnie, mother
Mirk, dark
Mittens, gloves
Mools, in the earth; buried
Moudiewort, a mole
Muckle, much
Mutches, head dresses for females

N.
NAIL, to seize
Nap, sleep
Neuk, corner
Neist, next
Nieve, the fist
Nippit, pinched

O.
OWK'S end, end of the week
Owre, too; over
Owsen, oxen

P.
PAIDLE, to wade; splash about
Pake, beat
Pappit, dropped
Parley, speech
Parochin, parish
Parritch, oatmeal pudding
Pawkie, cunning
Peasweep, the lapwing
Philabeg, kilt
Pibroch, bagpipe war song
Pickle, a small quantity
Plack, old Scottish coin of small value
Pouerith, poverty
Pouch, a pocket
Pow, the head
Pree, to kiss; to taste
Preen, to pin

Q.
QUECH, bowl; bumper
Queer, strange
Quey, a cow one or two years old

R.
RAP, to knock
Rash, a rush
Ravelin', putting out of order
Rax, to stretch; to reach
Rig, ridge
Routh, plenty
Rung, a cudgel
Runkled, wrinkled

S.
SARK, shirt
Saugh tree, willow tree
Scaithless, without damage
Scone, a kind of bread
Shanks, legs
Shauchled, misshapen
Shaw, a small wood
Sheughing, trenching
Shiel, shepherd's shed
Shouther, shoulder
Siccan, such like
Siller, money
Skeigh, proud
Skellie, squint
Skirl, to shriek
Slae, sloe
Slee, sly
Sleek, sly
Smiddy, a blacksmith's shop
Smoor, to smother
Sneck, latch of a door
Snell, bitter
Snivel, to speak through the nose
Snooded, the hair bound with a fillet
Sonsie, comely
Sough, a sigh
Souple snout, cunning; impudence
Spelder'd, lying at full length
Spence, inner apartment
Spier, to ask
Stack, a rick of corn
Starns, stars
Steer, uproar; to stir
Steu', to spring; leap
Stot, a young bull or ox
Stound, a numbing blow
Stoup, a jug with a handle
Stoure, dust
Stoory, sounding hollow; strong and hoarse
Stousy, a stout child
Stowed, filled
Strake, to take hold
Streek, to stretch
Stumpy, squat
Styme, a glimpse
Sumph, a fool
Swankie, a strapping fellow or girl
Swats, ale; drink
Swither, hesitate in choice
Syne, then

T.
TAG, to tie
Tak' tent, to be cautious
Tappit, crested
Tapsalteerie, topsy-turvy
Tassie, drinking cup
Teddin', spreading
Think na lang, do not weary
Thirl, to thrill
Thole, to suffer
Thowless, slack; lazy
Thraw, to twist
Thud, a heavy dull sound
Tine, to lose
Tint, lost
Tirl, to make a slight noise; to uncover
Tittie, female cousin
Tocher, marriage portion
Toddlin', tottering
Toom, empty
Touzy, shaggy; rough
Tow, flax; a rope
Treadle, part of weaver's loom
Trig, spruce
Tryst, appointment
Twine, to part

U.
UNCO, strange, very

W.
WAB, web
Wadna, would not
Wale, to choose
Walie, plump; large
Waly, exclamation of distress
Wamblin', turning upside down
Wame, the belly
Warlock, a wizard
Wat ye, do you know
Waukrife, wakeful
Waur, worse
Weal, prosperity; well
Wean, child
Wede, withered
Wee, little
Weir, to herd; keep
Weird, fate
Whaup, a curlew
Whigmigmorum, crotchets
Whiles, sometimes
Whins, furze bushes
Whud, large piece
Wiggle, to wriggle
Williewaught, a hearty draught of any drink
Wimple, to meander
Winnock, a window
Winsome, comely
Wyte, to blame

Y.
YADE, horse
Yammer, to whine
Yett, gate
Yowl, to yell
Yule night Christmas

www.ingramcontent.com/pod-product-compliance
Lightning Source LLC
Chambersburg PA
CBHW050849300426
44111CB00010B/1194